互惠资本主义

从治愈商业到治愈世界

[法] 布鲁诺·罗奇（Bruno Roche） [美] 杰伊·雅各布（Jay Jakub） 著
端木佳韵 译

中信出版集团 · 北京

图书在版编目（CIP）数据

互惠资本主义：从治愈商业到治愈世界 /（法）布鲁诺·罗奇，（美）杰伊·雅各布著；端木佳韵译 .-- 北京：中信出版社，2018.11

书名原文：Completing Capitalism: Heal Business to Heal the World

ISBN 978-7-5086-9528-0

Ⅰ.①互… Ⅱ.①布… ②杰… ③端… Ⅲ.①资本主义经济－研究 Ⅳ.① F03

中国版本图书馆 CIP 数据核字（2018）第 220710 号

互惠资本主义——从治愈商业到治愈世界

著　　者：[法] 布鲁诺·罗奇　[美] 杰伊·雅各布
译　　者：端木佳韵
出版发行：中信出版集团股份有限公司
（北京市朝阳区惠新东街甲 4 号富盛大厦 2 座　邮编　100029）
承 印 者：中国电影出版社印刷厂

开　　本：787mm×1092mm　1/16　　印　　张：12　　字　　数：132 千字
版　　次：2018 年 11 月第 1 版　　印　　次：2018 年 11 月第 1 次印刷
京权图字：01-2018-5252　　广告经营许可证：京朝工商广字第 8087 号
书　　号：ISBN 978-7-5086-9528-0
定　　价：46.00 元

献给我们信念的创造者和完善者

对本书的赞誉

大胆调和了几个世纪以来被认为相互排斥的方面。对当今那些准备重塑世界的商业领袖来说，这是一本必读之书！

——琼－克里斯托夫·弗拉丁（Jean-Christophe Flatin），玛氏公司巧克力事业部全球总裁

罗奇和雅各布在其他人惨败的地方大获成功。他们清晰、简洁、以价值观为导向的文字将资本主义塑造成最终形式，并将其提升到应有的巅峰位置。随着试点的成功和在商业世界的应用成为现实，罗奇和雅各布杰出的学术研究得到了强化和支持。他们不仅完善了资本主义的商业模式，而且为21世纪负责任的企业描绘了路线图，并将其交付到我们手中。

——弗兰克·埃克斯（Frank Akers）博士，橡树岭国家实验室前副主管；玛氏科学咨询委员会主席；橡树岭战略集团（Oak Ridge Strategies Group）首席执行官；美国陆军准将（退休）

罗奇和雅各布提出的这种更完整的资本主义形式无关竞争优势。但是为了在未来具有竞争力，公司将需要以这种方式运行。

——保罗·迈克尔斯（Paul Michaels），玛氏公司前首席执行官，强生公司和宝洁公司前主管

对环境服务领域的全球领导者威立雅而言，服务于人类进步的创新问题至关重要：扩大对自然资源的获取途径，对其进行维护并更新是我们的使命。我们威立雅的价值观与这本书的观点非常吻合，该书基于互惠和共享繁荣，对负责任的资本主义提出了一个愿景以及实际解决方案。

——黛娜·劳达（Dinah Louda），威立雅研究所（Veolia Institute）执行董事，威立雅首席执行官顾问

有些努力需要智力、情感或精神上的勇气。布鲁诺和杰伊代表玛氏公司、我们的生意伙伴以及包括地球在内的所有利益相关方，在开展这项研究工作的过程中展现了这三种勇气。我真心希望它能够促使关于资本主义的未来及其在我们前方世界中的关键角色的对话逐渐展开。因为我相信它可以并且必须如此。

——贝思文（Stephen Badger），玛氏公司董事会主席

作为人类，我们向往这个世界成为它应该成为的样子，即使我们做出有违这种向往的选择。多年来，罗奇和雅各布一直在努力重新思考企业应该成为的样子——如果我们想要个体和社会繁荣发展，那么我们需要选择一种符合宇宙本质的未来。很少有人愿意像他们一样提出关于企业本质的最关键问题，而他们的“互惠经济学”则是一种愿景，是对现代世界中最具标志性的品牌之一如何做好事且做得好的展望。这本书主张的不是慈善也不是企业社会责任，而是一种持续赢利的方式，是以一种铭记市场意义的方式赚钱。

——史蒂文·加伯（Steven Garber），华盛顿研究所所长，《职业展望》（*Vision of Vocation*）和《忠诚的结构》（*The Fabric of Faithfulness*）作者

这场危机不只是一场“正常的”危机，它要求我们重新设定自己的思维和行为方式。一切照旧的商业模式在任何地方都不再运转。雅各布和罗奇所建议的是一个艰难的旅程，但也是一个富有希望和创造力的旅程。这项研究雄心勃勃，可以让我们在力所能及的范围内将这个世界变得更好。我相信这是唯一合理的选择。我们已经修补了之前的体系，这是个好消息。如今我们必须进行重建，这是一个充满期望的呼吁。一个运转良好的市场经济必须为多数人运作，而不是只为少数人运作。如果我们想在我们这一代消除贫穷，现在是时候了，而这本书就是答案。

——伯特兰·巴德尔（Bertrand Badré），蓝橙资本（BlueOrange Capital）首席执行官；世界银行前总经理兼首席财务官；法国兴业银行和法国农业信贷银行前首席财务官

如今的体制未能适应人类的迫切需求，权力转移到了跨国公司。因此，人类可持续生存的责任主要落在了商业领袖的肩上。罗奇和雅各布从经济上和精神上正视了这些问题，并提出了良好的愿景和实用的方法，确保企业在实现利润的同时服务于社会、自然和人类的需求。他们的这本书邀请我们参与到模式转变中。它呼吁有道德感和责任心的商业领袖行动起来。让我们迈步前进！

——阿维谢伊·布雷弗曼（Avishay Braverman），世界银行前高级经济学家兼处长；以色列本·古里安大学前校长；以色列议会财政与经济事务委员会前内阁部长兼主席

目 录

推荐序一

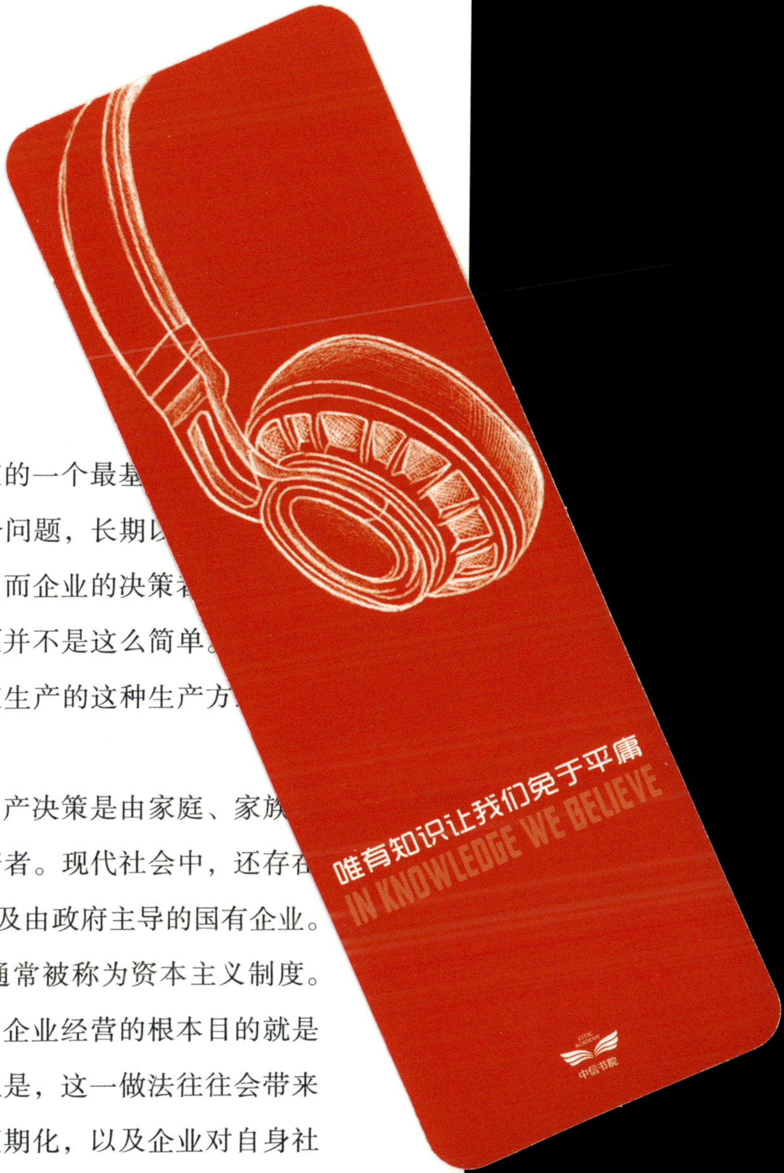

从经济学诞生的第一天起，经济学研究的一个最基 一个社会的生产应该如何来组织。对于这个问题，长期以 然的回答是：社会生产应该由企业来组织，而企业的决策者 资者，谁出资谁决策、谁负责。然而，问题并不是这么简单。 熟知的由出资者来建立企业、由企业来决定生产的这种生产方 200 多年前才开始流行的。

事实上，在传统的社会组织中，许多生产决策是由家庭、家族 至部落决定的，生产的决策者不一定是出资者。现代社会中，还存在由劳工管理的企业（labor managed firm）以及由政府主导的国有企业。而由出资者决定生产的生产方式，在西方通常被称为资本主义制度。其中，美国式的生产方式最为极端，其认为企业经营的根本目的就是要给投资者即股东带来最大的投资回报。但是，这一做法往往会带来一系列公认的问题，包括企业的行为过于短期化，以及企业对自身社会责任的忽视。因此，近些年来，西方兴起了一场企业社会责任运动，核心诉求是要求企业在做决策时要对整个社会负责。

本书的作者正是基于自己最新的实践，对企业社会责任的理论给出了最新的诠释和提炼。他们认为，企业的决策者不应只追求投资者回报，还要照顾到人力资本回报，顾及企业员工的获得感，考虑对自然资本的回报，关注自然环境恢复的能力，同时要兼顾对社会资本的回报，提升社会的信用与诚信度。这种理念，他们称之为互惠资本主义。他们所说的资本不仅包括金融资本，还包括人力资本、自然资本和社会资本。

这本书的一个最大的亮点是，作者所提倡的互惠资本主义基于的是成功的社会实践，而非理论上的空想。玛氏公司便是长期践行这一互惠资本主义理念的成功案例。

也许中国民众听说过玛氏公司的并不多，但是大多数人都知道士力架巧克力和箭牌口香糖，这些都是玛氏公司旗下的子品牌。的确，玛氏公司非常低调。这里面有一个根本原因，那就是，尽管玛氏公司已经存在了 100 多年，但它始终是一个标准的家族企业而非上市公司。更重要的是，玛氏公司长期坚持一个基本理念，即所有的盈利都留在企业内，要么用于给职工发福利，要么用于创新，或者用于再生产。这种一切都是为了企业发展而不是为了家族赚钱的理念，在家族企业中是很少见的。也正是这一理念使得玛氏公司能够经久不衰，在产品研发、技术进步和营销等方面始终走在同行的前列，成了当今全球食品行业最大的几个企业之一。

这本书所提倡的互惠资本主义的理念以及玛氏公司的实践，对于当今的中国极具启发意义。第一点启示就是，一个基业长青的企业必须对整个社会负责，必须成为整个社会的一个积极的、有机的成员，必须对职工的发展、上下游企业的长期发展，以及整体的社会进步和环境保护做出自己的贡献。只有把自己变成社会积极的一分子，企业本身才能够基业长青。

这本书的第二个启示就是，伟大的企业不一定要上市。事实上，最近30年以来，美国股票市场的上市公司数量在大幅度下降，很多美国企业已经发现上市公司体制的弊病。尤其是在当今的资本市场情况下，上市就意味着企业必须对股东的短期利益负责，这种过分关心股东利益，尤其是股东短期利益的做法，往往会把企业带上万劫不复之路。事实上，我们看到欧洲有很多伟大的企业，包括宝马、米其林，它们虽说是上市公司，但都是由家族牢牢控制的。家族管理者长期坚持自己的理念，在企业经营过程中坚持长期发展，坚持研发，坚持对整个社会负责。

这本书的第三个启示就是，一个家族企业要想基业长青，就必须要有自己坚定的信仰。玛氏公司的坚定信仰就是企业要对全社会负责，要把为社会做贡献作为首要目标，而赢利只是一个手段。这一信仰维系着玛氏公司的基业长青。如果纯粹是为了赢利的话，那么也许一个家族企业可以在短期内如日中天，但是，一旦风向转变，企业内部人士就可能转向从短期来看利润很高的行业，比如房地产或者金融，而忘记了自己的立足之本。这样的企业很难实现基业长青。

如今，中国有很多家族企业已经碰到了二代接班的问题，它们中不少已经是上市公司。我倒是建议中国的家族企业，包括已经上市并保有家族股份的企业，静下心来，仔细研究一下国外像玛氏公司这样的成功企业，聚精会神凝练出自己的企业信仰。只有把企业信仰筑牢了，企业才能够基业长青。对于那些寻觅接班人的企业家，即便自己的子女在短期内没有兴趣接班，也一定会有本家族的其他成员或者有理想的职业经理能够认同已确定的企业信仰，让自己开创的企业经久不衰、永葆青春！

李稻葵
清华大学中国经济思想与实践研究院院长
2018年8月 清华园

推荐序二

牛津大学是在三年前加入玛氏公司的互惠之旅的，当时布鲁诺·罗奇与杰伊·雅各布以及玛氏公司催化剂（玛氏公司的内部企业智库）的一个团队一起来到赛德商学院，介绍他们的“互惠经济学”。[1]当然，我们当时对玛氏公司正在从事的创新管理实践已经有些许概念，但是我们不知道自己即将听到什么内容。这次见面的效果非常令人振奋。商学院的人认为，其中真的有一些实质性的东西需要仔细与深入的分析。因此，这次见面为牛津大学和玛氏公司之间的合作研究项目播下了种子，迄今为止这一项目已经持续了两年，并且注定还将持续很多年。

我们于2014年10月正式开始研究互惠这种稀有概念在玛氏的实践中意味着什么。我们与该组织的各级人员进行了交谈，特别关注了玛氏公司在肯尼亚内罗毕开展的一项叫作马乌阿（Maua）的试点研究，玛氏公司催化剂智库积极参与了这项研究。我开始意识到三件事。

首先，这种互惠是一个过程，而不是一种实现。它探索的是企业通过落实结构、体系和实践而从赋予利益中获取利益的方式。玛氏公司正在通过试验、观察和学习来识别这些结构、体系和实践。

其次，互惠的结果之一是，学术界和企业界不仅可以从彼此那里学到很多，而且可以做出相当大的贡献。玛氏公司从本质上非常恰当地认识到，商业的要点不在于了解而在于学习，并且由于学术的重心在于研究与传授，这两者之间存在天然的伙伴关系。企业明白它们能从高校那里获取大量的科学和技术知识；但很少有企业能明白，在对新商业实践的探索中，与高校合作也能获得好处。

第三，商业和学术之间的这种伙伴关系在本质上就是相互的。它们两者的利益并不是天然一致的。商业是直接的、私人的和保密的；学术是长期的、公共的和开放的。二者作为不同体共存的原因是它们之间的差异。因此，缔造这种关系需要对双方的目标、限制和特性有着难能可贵的认识，并且避免对双方存在的缺陷进行谴责。

在这方面，牛津大学赛德商学院非常有幸能与玛氏公司的催化剂智库合作，该智库作为一个将研究与管理实践相结合的组织，能够为学术界和企业界起到调解作用，这是项目蓬勃发展所必需的。特别是，作为玛氏公司催化剂智库的领导者，布鲁诺·罗奇与杰伊·雅各布提供了实现该项目所需的远见、想象力和领导才能。

就像互惠一样，这个研究项目也是一个重要的学习过程，我们不仅了解到商业上的互惠，还学习到如何促进商业研究中的互惠。这本书出色地描述了该项目的基本概念，以及它们出现的过程。这个故事对于理解 21 世纪我们需要做什么来改革商业具有极大的重要性，因为我们都开始意识到，商业的失败不仅使我们的经济和金融贫乏无力，而且使个人和社会都面临着贫困。

改革商业不仅对完善资本主义模式至关重要，而且对其维护也极其重要。在过去的这些年里，我们对商业改革的失败造成的政治和社会影响看得太清楚了。这些年来我们在改革上几乎没有取得任何进展，然而被我们视为理所当然的经济结构即将受到侵蚀，我们没有时间继续猜疑和不信任。

这本书为我们理解我们需要做什么以及企业能够做什么奠定了基础。对于这本书所竭诚传达的重要经验教训，我们都应该留意和体会。

科林·迈耶（Colin Mayer）

牛津大学赛德商学院前院长

赛德商学院彼得·穆尔斯管理学教授

《公司的承诺：解构信任危机，重塑社会信任》作者

推荐序三

我的“互惠经济学”发现之旅起源于30多年前我在玛氏公司当初级雇员的时候。起初，我的理解仅限于我与公司之间非常简单的关系——我努力工作，获得了新的职业机会，财务状况也有所改善。在快速进行地域扩张的商业周期内，我亲眼见证了成功企业可以为其所有利益相关方，包括员工、供应商、客户以及他们的家属和人际关系网，带来的巨大改善。从中东到中欧的各个地区，共享利益都创造了非常实际且确实可见的影响，这一经验使我毫不怀疑该原则中潜在的基本真理。

在管理催化剂智库期间，我接触到了“什么是恰当的利润水平”的问题及其研究成果。这反过来又使我萌生了一些想法，产生了强烈的个人好奇心，即我们是否可以超越金融方面的衡量标准，来评估甚至量化我们的影响，并且左右这些影响。

在玛氏公司饮料部门担任领导期间，我当然很清楚，推动这项业务的快速增长势在必行。但是，除了固有利益的增长外，其他问题也日益凸显出来：我们是否可以推动一系列行动，使特定利益相关方受益？这样的行动是否有助于我们实现“最大的成功”？借助两位作者对共享价值的分析，一个非常清晰的“战斗号召”出现了。在我们价值链最末端的咖啡种植者是最值得关注的。对这些来源地的个人考察只是增强了这一信念。作为全部咖啡作物中的一个相对较小的买家，我们有幸能够决定从哪里购买，因此我们可以决定我们的侧重点在哪里。结合我们的金融资本衡量标准，人力资本、社会资本和自然资本的衡量方法使我们能够选择拥有最佳成功前景的地方，并对我们的进展进行实证测量。除了种植者中“社会资本”提高 *Y*% 外，设定 *X*% 的业务增长目标的前景也随之出现。除了引发个人动机外，这一前景也在我的管理团队以及很多其他相关同事中引发了普遍参与，令我很受触动。

当我换到玛氏箭牌糖果有限公司（玛氏公司的一个部门）时，我把这些成形的想法也带了过去。在箭牌的价值链中，我们将薄荷的种植确定为一个潜在机会。然而，同样的价值链分析显示，就口香糖而言，更大的机遇在于提高我们分销网络中的共享繁荣——尤其是在新兴市场中。将肯尼亚作为试验的沃土，我们开始着手测试我们培养微型企业家的能力。第一次尝试失败了，但是它给了我们很多沉痛的教训。在当地合作伙伴的帮助下，我们慢慢地改良方法，并且很快培养出一些非常有前景的成果。对部署方法的严格关注以及在衡量影响时严谨科学的行为，使我们能够改进我们的方法，改善我们的运营，并开始衡量我们对自身所在的内罗毕市区的社会影响。没有什么比会见我们的企业家更令人受激励的体验了——比如，一位年轻的母亲将她的收入水平从仅能维持生计提高到可以支持她的孩子接受教育。

我们随后将项目推广到其他区域（如菲律宾），我们现在在中国农村地区也开展了非常激动人心的测试项目，包括使用新的电子技术来衡量我们的影响。

令人遗憾的是，我们无法纠正世界上所有的错误与不公，但是通过两位作者提出的方法，我确信我们能够并且确实会对我们价值链中的许多生命产生重大影响。所以，我热忱地希望，我们继续分享、学习并加速这个进程。

马丁·拉德万（Martin Radvan）

玛氏箭牌糖果有限公司总裁

推荐序四

这本书是对所有优秀的商业和社会倡议的思考与审视。对所有希望“及时迎接未来”的领导者来说，这是一项必不可少的阅读和思考。

有些读者可能会认为这些观点走在了他们的时代之前，但是他们错了。如果他们不思考这些观点，那么他们将落于时间之后。

我们所做的一切都需要有一个有价值的目的。这本书让我们思考资本主义的目的——它应该仅仅关注提升股东的财富，还是应该同时关注提高与企业的生存和目标有着利害关系的每个人的福祉？

经济学是对稀缺资源的合理分配。金融指标一直是衡量决策敏感度的标准方法，但金融资本并不是当今世界所缺乏的。那么，在分配和利用资源以满足世界任何地方的人们的需求方面，金融指标怎么会成为良好决策的唯一视角呢？

今天的人类极度缺乏的是，为了生产力与劳动力的改善而对人力资本进行良好的部署与利用，为了群体的健康运作而对社会资本进行充分的创造，以及为了子孙后代的福祉而对自然资本进行有益的开采。

人力资本关系到人。人们如何被鼓励并发展成为最好的自己？每个人如何获得最大的机会去实现他们在智力、知识、技能和实践方面的潜力？每个人如何受到良好的激励和帮助以尽其所能做出最大的贡献？他们的工作如何协同增效以使企业或组织成为它们所能成为的最好的样子？在“所测量的即是所完成的”原则基础上，我们需要在人力资本的部署和利用方面采取良好的措施。本书提供了有趣的、实用的观点。

许多组织呼吁团队配合与协作，以此作为健康运作与和谐工作场所的基本美德。社会资本是使人们互相关照，并使人成为“人”的润滑剂。人们渴望身份，寻求被爱、被尊重。为了了解在我们的员工和群体中“发生了什么”，我们需要衡量我们对社会资本的积累与消耗。这本书提供了深刻的、具有启发性的观点。

全世界都在谈论气候变化和自然资源的过度使用。我们需要成为这个世界的好管家，这并不是一个愚笨的想法。这对后代来说是一种开明的利己主义。无论是空气、水、石油和天然气，还是沙子和矿物，我们都需要一种方法来衡量如何利用可供我们支配的自然资本。这本书提供了健康的、深思熟虑的观点。

金融衡量标准在企业是否以可持续的、有效的方式运行方面提供的仅仅是一种单一的、狭隘的视角。我们迫切需要一套不仅着眼于金融资本，而且涵盖人力资本、社会资本和自然资本的综合措施，以便让我们全面了解我们在所做之事中成功的可持续性。

这本书为企业负责任的、可持续的领导提供了一个实用而全面的视角。如果领导意味着“使不会自行发生的好事情发生”，那么每个领导者都必须对做好事、做正确的事的紧急呼吁给予适当关注，履行我们所肩负的持续成功的责任。“等等看”即“等着消亡”。

我们所有人都想在工作和生活中取得成功。本书指出，如果我们不以全面的方法衡量我们正在做的事情，我们就很可能误入歧途。的确，直觉告诉我们，如果我们的员工在工作中自由闲散，新雇员在工作交付时仅仅是“满意即可”，“平衡工作与生活”的感人号召暗示工作并不好玩而是一种为挣到“享受生活”的必需品所经历的“必要的不幸”，社会成员对他们的同胞们毫不关心，“以自我为中心”几乎完全排挤“以他人为中心”，决策的制定是为了今天这一代人的舒适却极少考虑未来两代人……那么我们不可能步入正轨。

这本书寻求为企业提供最大限度的自由，以实现企业、人员、群体以及地球的最优质的、可持续的、长期的成功。它为我们提供了有效的方法来衡量我们正在做的事情，并致力于解决我们在行动中的漏洞。这本书中所建议的是衡量变革效应的可行性指标。现在即未来！我们一定不能错失良机。

林祥源（Lim Siong Guan）

新加坡国立大学李光耀公共政策学院教授

新加坡政府投资公司前集团总裁

新加坡外汇储备基金经理

新加坡国际诚信研讨会

（Honour，一个为了国家福祉而弘扬诚信的慈善机构）主席

《怎样当领导》（*The Leader*，*The Teacher & You*）以及

《胜利与荣誉》（*Winning with Honour*）的联合作者

引言　根除金融资本主义的功能障碍

从某种实际意义上讲，所有生命都是相互关联的。所有人都深陷一张无法逃脱的相互关系网，被束缚在命运的外衣之下。无论一件事直接影响到谁，它都间接影响到所有人。在你成为你应该成为的人之前，我绝不可能成为我应该成为的人，而在我成为我应该成为的人之前，你绝不可能成为你应该成为的人……

这就是现实的相互关联结构。

——马丁·路德·金

一切都始于一个不同寻常的问题……

在 2008 年金融危机一年多之前，全球食品饮料公司玛氏公司发出疑问：对于商业活动来说，恰当的利润水平应该是怎样的？

实际上，这个问题已经被人类思索了数千年。

有施散的，却更增添。有吝惜过度的，反致穷乏。（所罗门王，公元前 950 年）

自 20 世纪 70 年代早期以来，著名经济学家米尔顿·弗里德曼（Milton Friedman）的拥护者们及芝加哥经济学派，已经开始以一种非常特殊的方式回应这个问题。所谓“金融资本主义”的弗里德曼模式在商业世界成为主导，它可以被简单概括如下：

企业有且只有一个社会责任——利用其资源从事旨在（为股东）提高利润的活动。

在这种背景下，关于“恰当的利润水平”的问题有着格外非凡的意义，因为它是由一个企业而不是由一个利益相关方或一位利他的外部观察者提出的。并且它在2008年全球金融危机的一年之前发生，直接挑战了主流芝加哥学派的核心假说。

2008年金融危机开始对芝加哥学派的相关性提出质疑

自2008年金融危机以来，关于人类、地球和利润的平衡问题已经成为越来越多的利益相关方（企业、非政府组织、学者，等等）日益关注的领域，这显示了当前模式所带来的日益强烈的不适感。在这一领域，大部分的相关举措侧重于主流的企业社会责任，目的是减轻或缓解企业对社会和环境的负面影响；或者侧重于设立慈善基金或社会影响型基金，关注企业周边或与企业不相关的社会和环境问题。但是，没有一项举措真正挑战了这个体系的核心，或者质疑说“恰当的利润水平”可能并不是指无条件股东价值最大化。

恰当的利润水平和两个推论问题

恰当的利润水平的问题在我们的工作中引出了另外两个重要问题，这两个问题兼具实用性和伦理性。第一个问题是，是否存在一种最优利润水平，可以确保企业创造的整体价值最大化，包括企业持续的、健康的、有盈利的发展。第二个问题是，什么样的道德原则可以证明企业从其运营及长期发展所依赖的商业生态系统中汲取多大的价值是合理的。两个问题都开始解决价值创造、价值集中和价值共享如何或者应该如何彼此相关的问题。

这两个问题——分别聚焦于整体价值最优化和道德规范——最终开启了一个具有广泛应用价值的研究项目（被称为互惠经济学[1]），这个项目鼓励我们从大处着眼，思考商业（尤其是跨国公司）如何成为一种解决社会和环境问题的恢复性力量。

这个项目[2] 把我们与具有先进思想的学术机构的学术研究合作，同以玛氏公司为主要赞助者的强有力的商业关注点结合在一起，如今，从我们的方法中看到价值的其他跨国公司也逐渐参与到该项目中来。

作者的展望

本书展示了迄今为止我们在所进行的应用研究项目中最具见解的想法和成果。我们，以及越来越多跟我们在合作的商业人士、学者和其他思想领袖认为，该项目可能构成一个重大的商业突破。但是本书的目的是介绍我们提倡的新方法，而不是详述细节。这本书的英文版于 2017 年面世，是由我们与最重要的学术合作伙伴合著而成。我们依然在自我探索的旅程中，这意味着伴随着新的商业试点、合作伙伴和发现，项目每天都在持续推进。尽管如此，我们现在还是有很多细节可以分享，并且已经在本书中充分阐释了新模式，以便我们的读者掌握其基本组成部分且理解其在实践中的功能。

本书不反映玛氏公司的官方立场，但它代表了作者有据可依的观点，自2007年以来我们在被称为催化剂的玛氏公司内部智库中担任管理和领导角色，联合领导着这项研究工作。我们与企业智库的同事，以及很多商业领袖、非政府组织，还有一批来自全球各高校、跨越多个学科的外部专家合作开展了这个项目。我们正在讲述这个故事，但是其实还有很多其他的角色参与其中，如果没有他们，我们今天将无法写出这一切。

简单谈谈我们探索中的关键点

我们的方法基于一个简单的假设，即大多数商业可持续性问题都能得到有效而持久的解决，不是通过专门的企业社会责任举措或慈善活动，而是通过创新的商业模式的方法，这些方法能够在带来强劲的财务业绩的同时，驱动社会和环境业绩。因此，我们正在开发的管理理论认为，通过理解和管理多种资本形式，即人力资本、社会资本、自然资本和共享金融资本，企业可以在驱动利润的同时，推动对人类和地球而言更广泛的互惠。这建立在一个假设之上，即对这些资本的良好管理可以驱动卓越的商业表现，反过来，商业也会（积极地或消极地）影响这些资本。

我们必须应对的方法论挑战在本质上是双重的。首先，新资本形式的新指标必须简单到足以在商业背景下实施，并且在不同的地域和商业环境下都可以保持稳定。其次，对企业进行新的商业实践来说，这些指标必须是可操作的，并且必须在带来社会和环境业绩的同时，也伴随着优秀的财务业绩。如果做不到以上几点，那么我们的方法并不会比传统的针对商业可持续性的企业社会责任的方法好到哪里去，企业社会责任的方法为社会或环境带来某些积极（或“不那么负面”）的影响，是以股东分红为代价的，这就意味着其应用并不具有商业改革的潜力。

尽管在衡量方法方面，我们已经完成了广泛的研究，形成了具有重大突破的见解（见表0－1），但是发展新的商业实践来践行这些将引领真正全面的经营业绩的新资本主义形式，这在总体上仍是一个我们还在开发和测试的绿色地带。表0－1是对目前为止通过我们的项目形成的主要见解的一个总结，这可以为企业提供除金融资本以外的核心业绩驱动力。

表0－1　主要发现：其他资本形式，以及如何衡量它们

资本形式	如何衡量
人力资本 基于个人技能、经验、知识、满意度（一般的和具体工作中的满意度）和健康，在任何文化背景下的个人福祉的关键驱动力	通过一项改编过的“工作中的福祉”调查进行衡量，引导人力资源类型的干预措施，这些措施将在人才吸引、保留和业绩优化方面带来实际利益
社会资本 影响群体福祉和繁荣的非金融关系，可以带来可持续的生活质量的提高，相应地，也积极地影响业绩	通过一项包含3个适用于任何商业环境或地点的驱动因素（信任、社会凝聚力和集体行动能力）的调查进行衡量
自然资本 在产品的整个价值链中使用的自然资源的全部投入	通过5个主要指标进行衡量：材料（可再生与不可再生）、空气、水和表土侵蚀，对其细化的理解可以引导企业做出更有资源效率的管理投资决策
共享金融资本 商业活动中的经济利益在价值链的参与者中如何分配，以确保可持续的利润率和薪酬，并识别供应链相对稳健或脆弱的地方	以在当地和在更广泛群体中创造的经济价值进行衡量

这些指标有 4 个共同的关键特征，以确保商业相关性和广泛实用性。

- **简约性** 每个资本形式可以用少量的变量来衡量，这些变量在每个资本形式中的占比约为 75%（这对商业使用来说足够优质，也足够简单）。
- **业绩关联性** 非金融资本与经济业绩之间的强大关联性已经在我们跨地域和跨商业背景的若干商业试点中被确立。
- **稳定性** 它们在多个国家（在非洲、亚洲）、不同企业、不同环境与不同价值链（供应方和需求方）中，都是稳定的。
- **可操作性** 收集到的数据为管理者提供了可以被拉动来解决商业生态系统中痛点的“杠杆”。此外，纵向数据表明，商业干预措施可以积极地或消极地影响资本。

本书接下来的章节将详细描述这些指标，以及它们是如何在商业环境下发挥作用来提高整体业绩的。

我们为什么关注跨国公司

我们最初选择在跨国公司背景下测试我们的新商业模式，是因为随着时间的推移，跨国公司已经成为社会中最强大的力量，在很多方面超过了国家力量，而国家在力量和影响范围方面比以往任何时候都有限。这是因为政府背负着巨大的债务，而且它们通常受限于物理边界，只有有限的地理访问权限（而跨国公司几乎可以在任何地点运营）。另外，跨国公司（以及一些非常庞大的基金组织）是我们日益全球化的世界中最重要的角色，因为唯有它们有足够的能力以潜在变革的方式来真正拥抱全球性问题，迎面解决我们社会中最敏感的痛点，比如创造优质工作岗位、重建群体、补给自然资源，等等。其他组织没有这个能力。

从这个项目开始，我们的策略重点是双重的：（1）为企业提供工具和方法，驱动整体业绩提高，使其对所有利益相关方都更加互惠，并且从长期来看也可以比只将股东利益最大化的现有模式更加可持续；（2）影响企业通过管理自身业绩（治愈商业）来积极影响社会和环境（治愈世界）的方式。改变跨国公司的商业模式，使其具有普遍可持续性——通过与新兴知识经济（其操控信息获取的关系比仅仅积累金融资本更具有价值）的新的价值观和“游戏规则”更好地保持一致——可以成为资本主义变革的方法。正如我们将要阐明的那样，这将通过一种价值创造的新方法来进行，我们把这种方法归入一个以强有力的科学为基础并植根于新的管理理论的商业模式中。

旅程

在我们启程的时候，我们发问，对驱动利润在短期内增长的不懈关注——通常以牺牲财富生产中涉及的其他方为代价——从长远来看是否真的合算。我们想要探索，重新平衡商业重点，更多地考虑个体、群体和自然资源，是否可能在未来带来更大的回报，甚至成为我们已经踏入的新世纪的新商业模式的基础。

培育经济发展所需的三项投入——但没有平等的报酬

我们首先回顾历史，培育经济发展总是需要三项基本投入，并且它们都要求回报：提供自然资源的地球，转化这些资源以创造价值的人，以及以确保体系中的流动性为首要目的的金钱或利润（金融资本）。从历史上看，金钱从来不是被用作促进财富无限积累的工具。但是每项投入——地球、人类、利润，取决于历史时期和那个时期盛行的经济学派，都以非常不同的方式获得报酬。

比如，某些社会制度注重广大人民的利益，最终是以牺牲利润和地球健康为代价的不均衡方式来进行的。相比之下，弗里德曼之流的金融资本主义是以牺牲人民（多数）——除非他们是股东（少数）——和地球为代价来回报金融资本的持有者。如今一些人提出，以牺牲金融资本和人类为代价来补偿地球。我们的观点是，为了建立一个真正可持续的商业，我们需要开发一种把每项投入带给商业的价值都计算在内的模式，并且需要考虑到商业如何核计（衡量、管理、评价）每项投入，包括商业如何发展或削弱它们，这些投入如何彼此关联（如果有关联存在），以及它们如何有助于企业创造整体价值。

近期新的（可疑的）金钱价值

有趣的是，我们注意到我们所研究的三项投入中的最后一项——金钱——实际上直到最近才在其功能上表现出显著的稳定性。比如，从古埃及时期直到 18 世纪末，金钱主要是一种支付单位和流动性工具，而不是储存价值的首选工具。土地——之后是工业生产资料——才是储存价值的主要工具。

“资本”一词的词源意义实际上就证明了这一点，它来自拉丁词 capus，意思是头，指的是牛的头（注意它带给了我们一个法语单词 cheptel，字面意思是牲畜）。因此，初级形式的资本被理解为一种工具，它把流动性带入体系中，将财富从一个地理位置运输到另一地理位置，或者从一个时间点转移到另一个时间点。它本不该成为一个积累（价值储存）单位。

直到最近，金钱的定义才发生改变，从支付单位和流动性工具变成（几乎无限）价值储存的工具。它也成了一种投机工具，占据所有外汇交易的98%以上，其中的风险是，这种身份的转变可能会完全地侵蚀金钱的内在价值。更为近期的情况是，作为2008年全球金融危机的应对措施，发达经济体的中央银行推出了一系列被称为量化宽松（QE）的非常规货币政策，即中央银行生产新的电子货币来购买金融资产，比如政府债券，目的是通过增加私人部门支出和对抗通货紧缩（或只是将通货膨胀水平恢复到一个预期目标）来直接支持经济。

自2008年以来，发达国家的中央银行通过多轮量化宽松政策刺激，向世界金融体系注入的金融资本流动总量急剧增加，其数量以任何方式进行衡量都是令人震惊的。比如，总体来说，美国、日本和英格兰的中央银行以及欧洲中央银行的资产负债表从2011年到2014年增长了近4万亿美元——自2010年年底开始几乎每年增长1万亿美元。并且全球货币供应量还在持续增长，2016年年中，达到了每月向经济体系中注入1 800亿美元的新纪录。2016年10月，国际货币基金组织（IMF）报告称，全球债务达到了创纪录的152万亿美元，是全球经济总值的两倍以上。如今很多市场分析人士预测，量化宽松的趋势将持续，欧洲中央银行、日本银行甚至英格兰银行（以补偿所谓的“英国脱欧”投票的成本）都希望扩大量化宽松计划，目的是支持脆弱的经济增长，推动低通货膨胀达到一个更高的水平。

如此多的无中生有的新资金的产生，以及世界金融体系中流动性的积累，似乎暂时成功阻止或削弱了2008年全球金融危机最消极的影响，然而它也导致了一个危险的悖论。全球金融资产的急剧膨胀产生了新的经济泡沫，并且没有可以用来冲抵的通货紧缩（没有货物和服务的价格总水平方面的有意义的通货膨胀）。因此，有人可能会说，这些因素——增加货币供应和抑制通货膨胀——共同导致了货币的内在贬值，尽管由于对目前货币的价值来说，其中没有真正的基础资产，这一观点只是概念性的。

尽管金融体系中流动性大幅增加，经济增长水平低，但是诸如负利率、低通货膨胀水平等的种种征兆都表明，当前的全球金融体系可能已经岌岌可危。并且，同种策略的可能延续——关注于创造更多的金融资本，继续人为地推动全球市场发展——实际上可能相当具有破坏性，尤其是在全球债务同时急剧上升的情况下。想想那个三人同乘电梯的类比，他们都相信电梯在上升，因为楼层数字显示的是上升的数字，但是事实上显示器出现故障，电梯实际上在下降。他们可能会感觉到电梯在下降，但是他们更相信自己所看到的上升而不是自己所感觉到的下降，这强化了他们彼此的看法，即他们实际上在上升，因为本质上他们在比较彼此的相对表现，但是在某个时刻他们会撞击到地面。

从柏林墙的倒塌到华尔街的即将倒塌

鉴于苏联（1917—1991）历时70余年试验的挫折，以及自20世纪70年代开始的在目前占主导地位的金融资本主义模式的功能障碍日趋严重，现在的一个相关问题是，米尔顿·弗里德曼的方法（股东利润最大化）是自然法则还是意识形态的结果。如果它是自然法则，它就将持续下去，即使道路上时不时会有一些颠簸。然而，如果它是意识形态的结果，它几乎肯定会在最终失去相关性，或者被广泛摒弃——就像任何意识形态一样。

伴随着柏林墙的倒塌，苏联经济和东欧经济产生了戏剧性的巨变。至于金融资本主义，它可能会以另一堵墙即华尔街的崩溃而告终。讽刺的是，这条街的终点是一座墓园，像美联储之父亚历山大·汉密尔顿（Alexander Hamilton）和曾被视为世界首富的约翰·雅各布·阿斯特（John Jacob Astor）这样的金融名流都被埋葬于此。墓园的意象并没有在我们这里消失。华尔街的名字源于一堵沿着它的8个街区而建的真实的墙——最初是为了保护早期荷兰移民免受英国人，可能还有美国原住民的威胁，但后来被用来区分“富人”和“穷人”。那些和我们一样的人也不应该丢掉这个意象，我们感知到自己已经抵达了从一种经济形式转向另一种经济形式的转折点，并且我们看到世界依然背负着一种没有能力应付新游戏规则的陈旧的、不完整的模式。

我们认为，我们可能很快就需要一种更互惠的、更完整的新资本主义形式，在整体上优化三项投入（人类、地球、金融资本）的价值，以改革当前也许总有一天会崩溃的金融资本主义体系。是在系统崩溃之前还是之后采纳新模式，将造成社会疼痛等级上的差异，其范围从可忍受的、相对短期的轻微疼痛，到剧烈而持久的疼痛。我们仍然有能力在这些疼痛程度之间进行选择，但是这种情况也许不能持续很久了。

稀缺形式不同，但是自20世纪70年代初以来经济模式相同

随着我们继续拓展我们的思路，我们质疑，在20世纪末的50年里运行的经济模式是否仍然适用于21世纪。我们的观点是，如果经

济是对稀缺资源的管理，那么这个新千年应该有一个新的关注点，因为在被弗里德曼模式主导的过去50年间，稀缺的本质已经发生了巨大的变化。

20世纪70年代，当芝加哥学派出现时，金融资本是稀缺的，但是自然资源和劳动力并不稀缺。因此，弗里德曼的金融资本主义可能被认为是用来专门解决这种特定资本稀缺形式的合理方案。当今世界已不再是这种情况，特别是在过去10年间，金融资本已经变得过度充裕，甚至具有危险性，负利率不再是一个权宜之计，而是被一些圈子接受为一种可能的长期规范。同时，在环境资源（自然资本）和劳动力领域出现了其他形式的稀缺，因为当代工作岗位所需的高级技能超出了那些现有劳动力的培训和能力（人力资本、社会资本）。

举个例子，根据全球足迹网络（Global Footprint Network，GFN）[3]的报告，8月8日被标记为人类耗尽2016年自然“预算”的日期，而每一年这个日期都在往前移动。正如全球足迹网络所报告的，“在这一年（2016年）的剩余时间里，我们通过削减当地资源存储和累积大气中的二氧化碳来维持我们的生态赤字。我们一直在超预算运作。”

无论这个日期是否准确，或者是否有人归咎于全球足迹网络的报告，有一个压倒性的共识是，当前经济模式从地球上索取的比地球现在能够可持续提供的更多。这就是在推动更大的资源效率的背景下，促使我们关注自然资本的关键动机。然而，尽管存在环境赤字，如今的主导经济模式在金融资本过剩的同时，仍然侧重于创造金融资本（以钱赚钱），却忽视了在21世纪初的全球经济中出现的新的稀缺形式。这种情况在根本上是不可持续的，并且我们认为，一种新的经济模式将不可避免地出现——无论它是我们所提倡的那种还是另一种——以解决这些新的稀缺形式问题，以及修正当前体系所产生的日益严重的极端不平等。这种不平等，在某种程度上，导致了我们在我们的群体中和几乎每日的新闻里所看到的各种民粹运动和社会紧张局面，以及日益恶化的环境危机问题。

经济模式的改变是趋势，不是例外

纵观历史，我们发现，盛行的经济模式发生改变实际上并不罕见。这种改变在历史上曾多次出现，并且我们可能正在接近这样一个历史性的转折时刻，新兴经济及其新的游戏规则将需要一个新的模式。

如果我们回顾18世纪，价值主要存在于土地所有权上，因为这是农耕经济时代的关键资源。在19世纪和20世纪初的工业经济时代，对生产资料的占有取代了土地所有权的首要地位。在过去50年里，重点一直是发展服务业（主要是金融服务业）以及创造和积累金融资本，这构成了服务经济时代。专注于生产货币的结果是，金融资本如今已经达到了一个前所未有的水平，这表明向经济提供货币的任务至少已经实现了。

下一种经济很可能会将重点放在所谓的“知识流”上，其中的价值将来源于通过知识、技术、大数据分析等方式来增强产品和服务的能力。价值将存在于对关系的所有权中，拥有这种关系能够使人们接触到他人和知识。最近的一个案例是，脸书（Facebook）在2014年收购了瓦次普（WhatsApp）——一个在全球范围内被广泛使用的短信应用程序，这次收购或许是未来发展的一个标志，也是知识经济新战略的一个例证。正如脸书的首席执行官马克·扎克伯格（Mark Zuckerberg）在那次收购时所说，“在积极把人转化成业务之前，要重点关注怎样将人们联系在一起”。

马克·扎克伯格的社交网络在2014年向瓦次普支付了令人震惊的220亿美元，而新兴的瓦次普在2013年仅创收1 020万美元。相比之下，玛氏公司在2008年以一个大致相同的总额，即230亿美元，收购了口香糖巨头箭牌糖果有限公司（Wrigley's），这带来了数万员工、收入来源、工厂、其他基础设施、全球公认的品牌、供应链、分销渠道等等。脸书对瓦次普与我们公司对箭牌糖果有限公司差不多的收购成本表明，虽然方式极其不完善，但市场的关注点已经开始转移，它对这些致力于建立通向人的渠道的创新型公司的估值，超过了对那些在短期内创造利润的公司的估值。更重要的是，也许正是这些差不多的收购总额表明，仅仅使用金融资本指标来对任何资产进行相对“估值”已经不够充分了，并且如果忽视对像瓦次普这样的公司的收购在人力资本和社会资本方面所带来的价值，实际上可能会产生一个扭曲和不完整的分析画面。

激活和增强商业恢复力的机会

每隔几十年，就到了重写规则的时候：是什么为商业创造价值。如果没有其他原因，那就是为了确保这些商业规则合乎我们所运行的任何经济的“自然”法则。我们相信现在是时候重写规则了。

日益明显的是，当前全球金融体系的管理者们正在进行孤注一掷的集体尝试，部分是通过量化宽松的干预措施，以使当前体系维持现状，但是越来越明晰的是，这并不是一个切实可行的长期解决方案。重大变化正在酝酿之中。一个新的数字和知识经济模式可能会突然爆发，并有潜力在几乎一夜之间抹除旧的服务商业模式，这与新的车辆服务模式优步（Uber）如何瓦解高度监管的出租车商业模式，以及爱彼迎（Airbnb）如何改变传统的住宿行业是类似的。同时，加入新兴中产阶级的人数也是非常惊人的，而且根据很多分析人士的说法，每隔 3.5 年亚洲就会增加相当于一个德国的经济规模，即便中国经济增长放缓，它也有可能在未来 25 年内把相当于三个欧元区的经济规模加入到全球经济中。世界上如此巨大的变化将需要一个新的模式来管理游戏中所有的新变量，这并不令人感到意外。

事实上，我们可能有着人生中仅此一次的机会来重新定位商业，将其作为治愈全球经济的恢复力，一个为多数人带来深刻而积极的改变的发动机。管理科学可以成为一门能够创造和收获新世纪真正财富的学科。但是要实现这个目标，我们将需要一种新的模式。不是那种以单一方式赚钱（通常是通过非常积极的商业实践）并以另一种方式消费（通过建立更多的企业基金会）的慈善模式。不是那种主流的企业社会责任的方法类型，通过专门的（通常是不可扩展的）昂贵项目来缓解企业对环境和社会造成的一些负面影响。但是，它可以是一种以商业互惠原则（共享利益）作为价值创造的驱动力的模式；一种可以在促进可持续的、可赢利的商业的同时，带来人类、社会与环境福祉方面更广大利益的模式；一种可以在商业所运行的多种生态系统中调动和增强有形和无形财富的模式——超越企业的法律界限，超越金融资本；一种并不彻底拒绝资本主义，而是利用资本主义的力量的模式，它鼓励（而不是阻止）对不同资本形式的集中不仅掌握在被动的股东或极其活跃的商人手中（就像当下的情况一样），而且掌握在新型商业领袖和企业家手中，他们有为多数人而不是少数人带来繁荣的才能和远大目标；一种比弗里德曼的单一资本主义形式更完整的模式。

使这一模式成为现实

通过对构建一个新的多种资本商业模式的研究，我们发现了若干结构性问题。首先，在过去半个多世纪里，弗里德曼的模式在几乎每个企业的运营和几乎每个商学院的课程中都占主导地位，这一事实意味着，公司是否存在“恰当”的利润水平这个问题，在管理科学的文献中仍然是一个有悖传统的问题，也是一个盲点。也许，它已经被纳入普遍的（错误的）假设，即答案必须仍然是“尽可能多的利润”，这表明任何别的利润目标（还）没有进入到商业意识之中。

其次，当文献中涉及利润的“恰当性”问题时，大多是将其作为抨击金融资本主义的更大的意识形态框架的一部分，普遍是从社会主义、马克思主义或环保主义的角度来看待这个问题。因此，关于改进现有模式的可能性的讨论，多多少少被（错误的）假设扼杀，这种假设认为金融资本主义要么是“合理的”，应该保持现状，要么是“不合理的”，应该被完全否定和取代，并且如果它不能立即被取代，至少应该被征以重税以弥补它的一些功能障碍。完全接受或完全否定当前的资本主义形式都不是我们的方法，因为我们了解资本主义模式内在的价值和潜力，并认可将资本集中在企业家手中的重要性。但是，我们质疑金融资本主义模式的完整性，以及构成当前弗里德曼范式的基础的假设，这一范式只看重单一资本形式（金融资本），实际上却忽视非金融资本形式的重要性，也忽视适当回报所有利益相关方而不仅是股东的必要性。

最后，尽管商业在创造和监控财务业绩方面已经相当能够胜任，但在支配现有指标来处理个人、群体和自然的内在财富（价值）方面，它的能力还非常有限。对商业来说，缺少这样的工具，它就难以确定它在人和地球的整体价值方面是否或在多大程度上处于赤字状态。商业缺少的是衡量工具，用以衡量人、地球以及利润中的每一项为企业运行所在的商业系统带来的贡献、帮助和破坏。

因此，通过一项雄心勃勃的研究项目，我们开始着手开发一种颠覆性的创新方法，通过创造与更大业绩的实现相关的社会、人力与环境利益来创造商业机遇。发展一个新的管理理论来解读企业如何能够同时促进可持续（就长久性而言）、有盈利（就金融资本而言）的商业和更广泛的利益（人类、社会和环境福祉方面）。为社会、人类和自然资本开发稳定的、通用的、可操作的非金融指标，推动总体经营业绩跨越不同的资本形式（包括金融资本。假设在商业中，“你只对你所衡量的对象进行管理”）。利用这些新指标来评估可以在商业（跨越多种资本形式）运营所在的生态系统中被解决的痛点的位置，并评估商业运作的哪些价值能够被增加或扣除。最后，识别出可以同时改善所有资本形式的新的商业实践，并识别出愿意操作多种资本形式的新一代商业领袖，以及愿意研究和教授多种资本形式的新一代学者。

迄今为止，我们通过深入的学术研究和跨越不同地域与商业环境的广泛的实地试验，在近 10 年的时间里对这一课题得出的领悟是振奋人心和毋庸置疑的。截至今日的研究结果表明，一种不仅仅基于财务业绩的更完整的模式，可以带来更高的整体业绩（包括财务业绩）。换句话说，“如果你不追随金钱，那么金钱会追随你”。是的，我们的试点——我们将在之后的章节进行详尽的解释——展示了，为了个人和群体，对社会和环境的利益进行负责与投资，企业的增长和收入实际上可以比在运用传统的利润最大化战略的情况下更大，同时能够为个人、群体和环境的福祉带来净增长，从而驱动经济效益的增长。

当然，我们意识到，我们到目前为止的早期研究结果确实公然违背了传统商业实践的公认智慧，尤其是主流的企业社会责任项目的智慧，因为我们的研究结果强调了可持续类型的目标可以通过有一定获利（而不是纯粹花费成本）的创新型商业模式来实现，并由此扩大规模。我们目前的发现也强调了芝加哥模式远不是建立可持续性繁荣的最佳途径——如今它甚至可能对实现这一目标构成障碍。结果表明，我们的新方法有潜力释放企业的恢复力，从而治愈企业自身产生的一些创伤。

在提出这些观点时，我们便含蓄地将自身的方法与弗里德曼纯粹依赖市场的自我调节功效的方法，以及那些在我们看来试图使一个有缺陷的体系更有效地运转的替代方法区别开来。其中一种替代方法便是法国经济学家托马斯·皮凯蒂（Thomas Piketty）在他的畅销书《21世纪资本论》中所主张的，在全球范围内对资本征税。尽管在对财富不均衡进行研究的基础工作方面，《21 世纪资本论》的学术严谨度毋庸置疑，但是我们认为这种方法有着两个主要缺陷：第一，它假设了财富的再分配，但是它至少含蓄地接受了弗里德曼的基本模式及其所有的功能障碍；第二，皮凯蒂关于再分配的理念充其量基于的是一个不可靠的假设，即全球机构或国家政府无论如何可以比个人对被征税价值进行更好的再分配。

如上文所述，弗里德曼的方法如今是在以功能障碍的方式发展已经过剩的金融资本，皮凯蒂提出的方法解决了一个症状，但它无疑忽视了经济功能障碍的根源，即弗里德曼单一资本模式的不完整性。我们认为，无论是否有人支持他们的观点，弗里德曼与皮凯蒂的杰出都是不争的事实，但是他们是在以自己特殊的方式为昨日的战役而战，而不是为今天或明天的战役而战，我们需要根据今天的经济游戏的新规则，用一种新的方式来处理当下的稀缺形式。

我们将在之后的章节详细描述新的商业模式的方法，目的是为寻求有意义成果的企业和组织提供方法论框架、工具和激励措施，帮助它们以与目前管理企业（金融）业绩同样的科学严谨度，来管理社会资本、人力资本和自然资本。新模式的目标是同时发展所有资本形式，而不仅是一种资本形式——金钱。它目前是由越来越多的外部同行的评审结果组成，这些结果来自跨越多种商业环境的多个商业和研究项目，这些项目是与全球领先的学术机构以及后来加入的多家公司进行合作的。我们的模式的发现，反过来，产生了新的指标，为那些选择采用新指标的人提供了一种简单、可靠、可扩展的手段来（首次）推动经营业绩，并衡量企业策略对人类和地球的真实影响。这在企业内部以及整个商业生态系统中都是如此。

那些在我们的模式中开始被用来完善资本主义的工具和衡量方法，可以促进管理行为在驱动商业利润的同时，为人类带来广泛的利益。它们有助于将产生社会资本、人力资本、自然资本和金融资本的商业策略与那些不能产生甚至会破坏这些资本的商业策略区分开来。通过在战略计划中使用新指标，企业管理者现在不仅可以评估影响——就像在更普遍的企业社会责任类型的项目中那样，而且有能力全面推动经营业绩（跨越所有资本形式且跨越企业运行所在的生态系统）。管理者将配备我们的模式，做出更明智的投资决策，在企业决策的积极和消极影响方面创造更大的透明度和更多的理解。

一个非常非常古老的理念

令人惊讶的是，也许我们在本书中建议的新方法实际上在很多方面是在重温一种思考人类、环境、财富以及它们在世界上各自所处地位的古老方法：禧年的理念[4]。它断言，我们需要定期重设规范以保繁荣，并且我们需要尊重经济增长的关键支柱——提供资源的地球、转化资源并为其增值的人类，以及确保体系中流动性的金融资本——的和谐报酬体系。禧年在本质上源于释放俘虏，但是从实际意义上来说，它也可以是将人们从过度劳累和过度负债中释放出来；将地球从过度使用和过度开发中释放出来；将财富从少数人的过度积累中释放出来，他们中的许多人没有能力通过以金融资本创造金融资本之外的方式，像企业家那样为现有财富的增长做出贡献。

新的经济规则必将需要一种新的模式来帮助企业家们调动、积累和管理新的资本形式，这可以为全世界开启一个更广泛、更全面的可持续共享繁荣的形式。今天可能就是一个通过一种基于根本伦理道德原则的新商业模式，以真正实际的方法践行禧年的历史时刻。今天可能就是释放企业真正恢复力的时刻。

当思考我们在旅程中正处于什么位置的时候，我们想起《传道书》① 中的话，虽然书中指的是在遥远过去的一段时间里的一个非常不同的情况，但它可能会捕捉到我们在自己特定的时间轴上的位置：

> 凡事都有定期，天下万物都有定时。

我们希望你在阅读本书后，会思考在沿着我们所建议的路线来帮助重塑全球经济体系的过程中你可以扮演的角色，并反思你和你的组织当下正经历的时期。我们期待你加入我们的探索和商业改革之旅，帮助治愈当前的体系。如果我们对其放任自流，它可能很快就会自我崩溃。

---

① 《传道书》：《圣经 · 旧约》中的一卷。——编者注

第一章

资本的扩展含义

所有真理都经历三个阶段：首先，被嘲笑；然后，遭到强烈的反对；最后，被理所当然地接受。

——亚瑟·叔本华，德国哲学家

我们不能用和创造问题时相同的思维去解决问题。

——阿尔伯特·爱因斯坦

当我们早于2008年全球经济危机一年多的时间，在2007年开始研究新的商业模式时，我们当时的直觉是，米尔顿·弗里德曼的金融资本主义方法将很快达到它的极限，它需要改进和完善，以便于经济和商业继续创造价值。

2008年危机警钟和日益加剧的紧迫感

自2008年金融危机以来的这些年里，我们一开始的直觉已经被戏剧性地确认为事实。长久以来被商界认可的弗里德曼假设（商业的唯一社会责任是将利润最大化，以使股东价值最大化）——连同金融资本给商业运作带来的压力，以及相较于其他资本形式短期金融资本创造的至高地位——被越来越多的利益相关方认为已经过时了，或已不再适应当今的经济、社会和环境背景。

也许那些将弗里德曼的观点以超出他本意的方式进行广泛演绎的人，在当今冠以他（弗里德曼）之名的被曲解的不完善资本主义形式上，比弗里德曼本人更应负责。毕竟，弗里德曼的著作确实反映了，某种形式的社会支出对一个公司的长期盈利最大化是很有必要的。然而，这似乎被绝大多数采纳弗里德曼模式的人大大忽视了，并且这些人的关注点——短期或长期——始终集中在将单一资本形式即金钱进行最大化上。这是真正重要的一点：如果资本主义要继续发挥作用且不产生更大的功能障碍，或不因其他劣质替代品的出现而被彻底抛弃（这些替代品本身也可能产生功能障碍），那么现在人们必须承认弗里德曼的拥护者们因一心专注于单一资本形式而造成的后果，这也是他们及其他人必须接受的。

我们很高兴看到，现在有一种正在发展的、活跃的运动挑战了芝加哥学派的假说——尽管它们仅由较少的企业、非政府组织和少数学者组成，各自迥然不同，又十分混乱。其中一些运动伴随着各种各样的名字，比如自觉资本主义、包容性资本主义、三重底线、创造共享价值观以及共益企业运动。在某些情况下，它们的出现甚至要早于 2008 年金融危机，比如社会投资事业网络（Social Venture Network），但 2008 年金融危机带来的巨大而持久的影响有助于全世界更加开放地讨论当前体系的缺陷。

毫无疑问，从日益提高的觉悟中会浮现出一些好的东西。但是同时，我们想知道，这是否足够——并是否足够迅速——去缓解经济转型所伴随的痛苦中最具破坏性的部分，而经济转型即将在当前系统从功能障碍变得功能丧失时到来，这几乎就发生在 2008 年。我们无从得知关于时机和接受程度这些问题的答案，但是我们感受到一股强烈的并与日俱增的紧迫感，这促使我们分享对“更完整的资本主义形式会是什么样子”的认识，尽管在这项工程上我们还有很长的路要走。

如今的情形与 1989 年柏林墙几乎一夜之间倒塌时不同，那时市场经济已经在西方世界准备就位，但是今天接替金融资本主义的下一种模式还没有准备就绪。因此，如果华尔街突然像柏林墙一样自行“坍塌”，那么还没有一个公认的替代品可以让我们接纳。

全球性企业在发展和制定新型模式中的作用

由于商业历来就是带来繁荣并使数百万人脱离贫困的驱动力，再加上如今的大型企业比一些政府更有力量，我们问自己，“在即将到来的体系转型中，大型跨国公司将要或应该扮演的角色和承担的使命是什么?”同时我们发问，“在大规模部署新模式方面，大型跨国公司应当如何助力一种更均衡的价值创造与价值分享的新方法的诞生？”

我们的直觉是，一种基于利益相关方之间公平分享利益的模式，会创造更大、更全面、更显著的价值。与目前随处可见的模式相比，这种模式必将为商业指出一条更为优越的道路，但是我们需要证明这一点。

隐性原则需要化隐为显

利益相关方之间共享利益的商业原则可以比股东利益最大化创造更优秀的企业业绩，在 20 世纪这个商业原则仅在某些成功企业中被极其隐晦地执行。它还没有被转化为一个明晰的管理理论。它还是更像一个选择性的管理理念，而不是一套科学严谨的、可以被更广泛部署的管理方法。对此的部分解释是，在最近这场暴露出金融资本主义模式最主要潜在弱点的危机之前，大多数企业管理者和 MBA 教育工作者仍然因过于信奉弗里德曼方法的优越性而无法超越它去思考更多，他们可能采用的无非是相对狭隘且意识形态化的思考方式。当然，总有例外，但目前还没有一个想法足够简单和令人信服，足以被扩展、转换成理论。

2007 年，我们感到，将隐性管理理念变得更加明晰，并将它转化为真正的管理理论，是可能实现的且至关重要的。这是因为我们看到，全球经济体系正处于系统性转变的边缘，而绝大多数企业对此毫无准备。化隐为显不会那么容易，因为它要求为不同形式的非金融资本开发新的衡量标准以及新的管理措施，并要求通过严格的商业实验来核实这种方法是否可以以及如何能够为所有人创造出比利润最大化更为优质的价值。2008 年金融危机在企业管理者和商业教育工作者中创造了一个友好、开明的新氛围，这个氛围让我们能够坚定地前行。

利润和增长无关：是自然法则，还是令人担忧的意识形态产物

令我们吃惊的是，我们对管理学文献的初步研究突出了“恰当的利润水平”的问题，或者说商业是否应该只和股东利益相关，抑或利益相关方之间的更多共享是否可以实现更优秀的业绩，这些问题并没有得到严谨和系统的解决。除了为数不多的论文和案例分析——其中有一些最近才发表——我们没有发现可以真正有意义地解决这个问题的严谨的方法或框架。

同样，除了少数的例外，这个空间如今在本质上构成了学术上的一块绿地。这个学术缺口处于一种值得关注的情况下，且其自身就值得关注，这种缺口表明了经济思想上的空白，凸显了芝加哥学派的压倒性影响，即使对寻找功能障碍的人来说，它的功能障碍也已经更加明显了。但有时候人们只见树木不见森林，特别是在我们的商学院和企业几乎都步调一致地仅仅关注着树木时。

因此，我们对将近 30 年内（1978—2006）的 3 500 多家公司（遍及不同地域的上市公司、私营公司）的实际业绩做了大量的实证研究，这项研究成了我们在 2007 年年初启动商业模式研究项目的敲门砖。我们旨在纯粹地研究利润和增长之间的因果关系，即在所有时间尺度上，过去的利润和未来的增长、过去的增长和未来的利润、过去的增长和未来的增长、过去的利润和未来的利润，它们各自之间的因果关系。研究结果显示出一个出人意料的模式。我们发现，不论时间尺度如何，利润和增长之间没有因果关系，过去的增长和未来的增

长之间也没有因果关系。实际上，我们发现唯一强大的因果关系存在于过去的利润和未来的利润之间，这意味着商业唯一长久的模式是它创造利润的能力——不考虑营业额。这是一个引人注目又出人意料的结果。

更进一步观察我们研究的样本数据的一个分组——关注快消品行业（见图1－1）——我们着重标出了，当收入增长率随着时间变化不稳定（上下波动）时，同期盈利则在持续稳定地增长。换句话说，在过去的短短几十年里，几千家公司在高增长和低增长的情况下，都获得了持续上升的利润。高利润不会抑制或促进增长。实际上，高利润企业显然可以和疲软的发展共存。低增长是可持续的，而低利润则不可持续。值得注意的是，这个模式在2008年全球金融危机期间仍然有效，许多公司在营业额暴跌的情况下，利润仍持续增长（尽管极少），因此，无论潜在经济环境如何，它们都保障了股东们的持续收益。

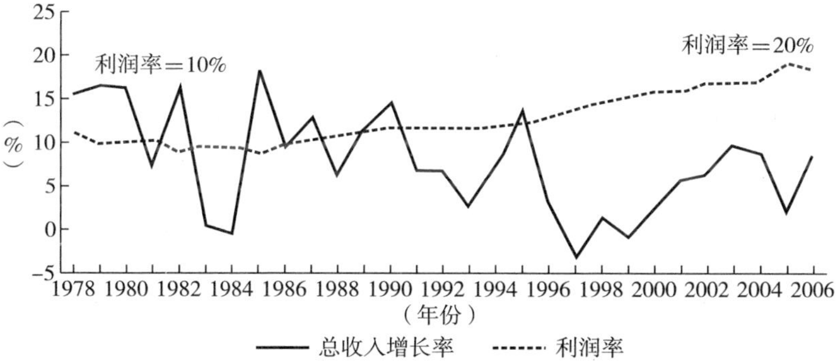

图1－1　顶级快消品公司约30年内的利润率和收入增长率

这些事实似乎印证了弗里德曼的主张，即唯一有价值的目标就是实现利润最大化，因此，管理的作用无疑重在提升底线净利润（随着时间推移获取日益增长的价值），而非经营顶线总收入（更易于受外部经济波动的影响）。可能有人会说，在过去30年里公司中所见的盈利增长，实际上是由生产率的上升和科技发展的加速驱动的。然而，正如经济合作与发展组织（OECD）和国际劳工组织（ILO）近期的一份报告[1]所指出的，自20世纪80年代以来在大型经济体中稳步下滑的劳动力份额[2]，揭示了相反的结论。过去的30年里，在包括美国、德国和日本在内的主要大型经济体中，事实上工资增长要远远落后于生产率增长，而劳动生产率已远远赶超了实际的平均工资增长。

此外，所谓的人类活动的“生态足迹”的稳定增加揭示了，当今世界的运作依赖于自然资源的供给，其所需的地球环境是1970年弗里德曼模式被创立并开始在商业上获得广泛接纳时所需地球环境的1.6倍。[3]生产率的提高并没有被转化为环境和大众的更高收益，而是为拥有金融资本的股东们提供了更多利益。

这个相当新的现象——20世纪70年代以前的生态足迹较少，以及流向劳动力与金融资本的收入在20世纪80年代大幅倾向后者之前几乎固定不变达数十年——提出了一个更大的问题：利润最大化是一条自然法则，还是一种意识形态？同时还有一个问题，如前文所述，生产率的持续增长是支持还是动摇了弗里德曼方法？能够将工作外包给越来越廉价的劳动力市场来帮助推动底线（净利润），而不管顶线（营业额）业绩如何，这种状态终究不可能无限地持续下去。总有一天将不再有可以外包工作的廉价劳动力市场，同时随着地球资源日益枯竭，供求法则将抬高商业在自然资源上的花费。这就是弗里德曼模式在诞生时尚未出现的新的稀缺形式。

图1-1表明，总体上，在我们调研的近30年内，顶级快消品公司的利润率（底线）翻了一番，而收入增长率（顶线）是具有极大周期性的。据此，没有证据表明营业额和利润之间存在任何有意义的

关联，只有过去的利润和未来的利润之间存在联系。所以，在管理实践和仅驱动利润的衡量指标的支撑下，弗里德曼思想体系为商业扮演了利润发动机的角色——但这仅限于在劳动力和自然资源基本维持现状的前提下，而现在情况变了。

超越传统界限和金融资本去衡量业绩

扩大企业责任，使其超越传统的法律界限，这一需求是由现实驱动的，大多数企业越来越多地在复杂价值链中运作，这些价值链由不同规模的商业参与者组成，在不同地域内运作。打个比方，人们因此可以认为，当前每个商业价值链仅仅与其最薄弱的环节一样牢固。更负责任、更加互惠的商业实践关系到确保价值链中最薄弱的环节不会变得更弱，而是得到强化，因为价值链中断所引发的财务成本往往远高于维持价值链中最弱参与者的实力的成本。所以，超越企业传统的法律界限，拥抱企业运营所处的整个商业生态是很重要的。这包括识别所有资本形式中最薄弱的环节与最敏感的痛点，设置将其考虑在内的方法和衡量指标，营造一个有助于加强这些薄弱环节的投资环境，并给予它们投资与发展的手段（例如，提供更大的利润空间）。

正如同经济学本质上是对稀缺性的管理，管理的本质主要是衡量。因此，我们需要将改变多种稀缺形式的概念转化到管理领域上，要为我们在本书中详细谈到的其他资本形式（社会资本、人力资本、自然资本）开发一个新的业绩衡量标准。这个想法是为了管理新的稀缺形式，并（以非金融的方式）解释非金融财富，虽然这些财富对任何企业的可持续业绩总是至关重要的，但是它们此前由于以往的过于丰富而被“隐藏在醒目处”。

因为在商业应用的背景下，针对非金融资本形式（社会资本、人力资本、自然资本）的衡量方法是相对无力的、混乱的，甚至在某些情况下是不存在的，所以最容易和最明显可以被衡量的资本形式就是金钱。这反过来又说服了很多正在进入多种资本研究空间的人——特别是那些从事管理咨询的人——将资本的其他形式统一采用货币化方式进行衡量以方便处理。但是事实上（对我们来说很明显），将一切事物货币化可能会适得其反，并且肯定是不精确的。比如，人们如何能够用货币衡量群体信任？又比如，人们如何衡量对自身信奉的价值观言出必行的管理者？正如我们从历史中所得知的，人的本性往往是追随一条阻力最小的道路，根据奥卡姆剃刀定律的逻辑，最简单的解释和方案常常就是最优的。在这种情况下，从表面上看，货币化似乎相对简单，但正如在之后章节中我们所讨论的，这种衡量标准在每一种非金融资本形式中都将以某种方式进行扭曲。

从商业环境下“价值”的构成来看，地球提供了企业用以生产产品的资源，人类将这些资源转化为实际的产品和服务，而货币提供了流动性，使得人们能够影响这一转化过程。这与我们在引言中提到的经济史的核心原则是一致的。

体系中货币过剩

如前文所述，我们的观点是，如果经济学在本质上是对稀缺性的管理，那么我们就没有必要过分关注金融资本，因为虽然货币在战后时期是稀缺的，但是如今已经不再是这种情况。事实上，目前据称存在的金融资本的总量是几乎难以想象的（我们说据称，是因为这是不可想象的，很多金融资本不仅仅存在于簿记活动中，特别是在还有衍生品估值[4] 的情况下）。

自从美国前总统理查德·尼克松在 1971 年废除美元金本位后，流通中以货币为形式的金融资本持续增长。从 20 世纪 70 年代直到 80 年代末，当货币供应量开始以更快速度增长时，这种情况逐渐出现。在 20 世纪 90 年代提速后，全球货币供应开始在 21 世纪初迅猛加速，但是真正的爆发是在 2008 年全球金融危机之后，当时发达经济体的政府在同时实行一项激进的扩张性货币政策，这项政策大规模增加了全球经济体系中金融流动性的总量。

众多可能的例子之一是，自 2008 年金融危机以来，美联储通过三次量化宽松政策干预，在其“公开市场操作”中成功“购买”了数千亿美元的证券，美国企业研究所（American Enterprise Institute，AEI）在 2015 年的一份报告中称美联储“不用任何真正的资产、存款或资金，使其所持证券投资组合的总额在 2014 年年底达到 4. 236 万亿美元”。美国企业研究所还称，相比之下，美联储在 2007 年的总证券估价为 7 500 亿美元。随着欧洲中央银行、日本银行和其他加入美联储的主要经济体的中央银行在 2008 年金融危机之后都开始实施它们各自多轮的量化宽松政策干预，当今世界的金融资本已真正处于泛滥状态。

如今世界上有很多很多的货币，事实上已经太多了，但不幸的是，流动的美元、日元、欧元和英镑已经被少数人在金融体系中聚集起来。相应地，在推动就业、投资或经济增长方面，这种聚集并没有有效地转化到实体经济中，导致少数富人和多数穷人之间的差距越来越大。由于大规模量化宽松政策的注入很容易被由更大企业主导的金融市场吸收，这一差距被拉大了。因此，我们看到股市指数持续上升，到达惊人的高度，这给很多人带来一种虚假的安全感：无论如何，经济一定比它现在表现出的更为健康。

其他资本形式的潜在匮乏

与膨胀的、仍在持续增长的世界货币供应量相反，世界上的非金融资源（自然资本形态下的地球、人力资本与社会资本形态下的人）是相对稀缺的，并将变得更为稀缺。我们在这里涉及的人，并不是就员工数量而言，因为全球人口已经从美元不再以黄金作为支撑的1971年的约38亿增长到2016年的约74亿。确切地说，我们指的是那些将技术和才能恰当结合的适工龄的人（人力资本），同时他们拥有适宜的社交网络与群体（社会资本），可以应对即将到来的挑战和新经济将会产生和需要的岗位。而当我们在谈论地球资源（自然资本）时，我们指的是那些正在加速枯竭并无法再维持当前经济增长模式的资源。自然资本急需被当作一个日益稀缺的资源对待，而不是被视为一种免费的“可再生财富”——它对于确保一个可持续发展的、健康的未来是必不可少的，这一点对于商业运作和全人类都是如此。

把重点从金融资本转移到以上提到的繁荣的非金融支柱上，而不是忽视新稀缺形式的现实，继续生产过多的流动资金，这种转移对我们来说是更加明智的；否则，情况将会非常危险。然而，我们所见的巨大挑战其实主要是心理上的，因为虽然有2008年的教训，但是对于那些因在经济中所处的优势地位而最容易影响到全球经济转型的人，他们的思考模式尚未改变。也许很多人觉得有太多金融资本可被生产，他们不愿浪费时间去考虑更大的图景。在这些精英中存在着一个根深蒂固的印象：如果金融资本可以更加有效地被管理，使股东利益最大化，那么系统中的剩余部分将会自己处理好自己。我们不相信它可以自己找到解决方法，因为游戏规则已经改变，而且时间紧迫。

需要新的衡量标准作为确立新型管理方法的基石

我们需要开发一种简单又一致的方法，衡量人类和地球在商业范畴上产生的价值、影响和利益。我们需要为这些新指标寻找一种方法——可以帮助定义一种更完整的资本主义形式，使其成为企业管理（操作系统）的一部分。

我们不是在提倡重新均衡或重新分配，不是为了过度支持仅仅一种其他的资本形式——就像一些人在过去所提倡和践行的那样，其最好的结果也不过好坏参半。比如，我们在引言中提到的一个可能的备选是，以牺牲地球和金融资本为代价来支持人，这是某些社会制度主张的解决方案，其使用方式是扭曲的，最终极具破坏性。另一种方法就是以牺牲金融资本和人为代价来支持地球，就像如今一些人主张的，例如缩减生产和消费规模且收紧经济规模的“去增长”运动，它的前提是，过度消费是长期的环境压力问题和社会不平等的根源。

我们认为，只是简单地倾斜三者之间的平衡，以牺牲其他两种基础性的经济支柱去支持资本的某一种形式，总有一天会适得其反。这样做是一种公认的“半真半假”（谎言），尽管诱人但它还是谎言，因为你可以很容易地说，人是最重要的，或者说，没有自然的修复，我们注定要遭受全球性的苦难，并最终遭受饥荒。但是只有当繁荣的三大支柱——基于各支柱对这个体系的贡献以及它们分别如何获得报酬——达到平衡时，繁荣才能够持久。

不作为的诱惑和行动的必要

当然，有人会认为，全球经济体系会在它需要改变的时候，自然而然地改变（自我纠正），因此，人们没有必要主动出击。毫无疑问，有些人在重弹之前事发时“不作为”的老调——1789 年法国大革命，1917 年俄国革命，1929 年华尔街股灾，1979 年伊朗革命，1989 年柏林墙倒塌，2008 年全球金融危机，以及 2015 年开始的影响欧洲和中东的大规模移民危机，仅举几例使人类遭受痛苦的剧变。这些转变的时刻扰乱整个社会，造成了很多的苦难，很大程度上是因为当时的社会措手不及。也许在我们历史上这些时期出现的一些苦难本可以不那么严重，但是如果像鸵鸟一样把头埋进沙子里，抱着否定现实的态度，我们就会完全不占优势，而在危机带来改变之前，我们本可以自己做出改变。我们断言，新的模式现在可以也必须被建立起来。这可以通过企业内新一代开明的领导人来实现，他们要认识到当前体系的局限性，以及体系被修复和向其他方向调整的潜力——这是一些希望被赋予权利，运用商业的力量来做善事，实现一个更伟大的、鼓舞人心的目标的管理者和改革者。

在苏联衰落的那些年，时任苏联总统米哈伊尔·戈尔巴乔夫知道他领导的体系随时会出问题，他有积极改革的勇气，并计划以减少流血的方式放弃这个体系，很大程度上他也有能力这么做。他的做法有待商榷，但如果选择使用武力将其强加于苏联，这可能会带来更为强烈和持久的痛苦。如今，世界上可能会有许多“商界的戈尔巴乔夫”，他们在历史上这个特殊时期有着积极主动性，他们有意愿促进商业从弗里德曼日益失调的单一资本主义转变为一种更全面、更完整的资本主义（也许正如我们所预见的这种一样），他们同样可以缓解这一过渡时期的一些痛苦。但是，只有我们迅速果断地采取行动，这种情况才会发生。

一种务实的方法

我们在企业的高级岗位上工作多年，我们充分重视商业为人们的生活带来的积极改变。但是，资本主义的好处需要被扩大和共享，为更多人实现长期的、功能全面的繁荣。然而当前不完整的资本主义模式未能通过更广泛的衡量标准来激励足够的共享，这最终将（可能比大多数人想的更快地）导致它的失败。

我们同样重视资本集中的重要性，但是资本不应该集中在被动股东的手里或者为了投机的目的而集中，它应该掌握在有才能的新型企业家手中，他们将以为所有人带来更大繁荣的方式投资。我们的论断是，由于每一种人口（穷人和富人）中企业家的比例相同，当前体系远不能有效地将资本分配到活跃的企业家手中。我们认为，目前资本集中的机制是低效的，不仅导致了不可持续的差距，而且也阻碍了积极的企业家获取资本，引起了价值的破坏，比如有效的资本被浪费在被动所有者手中，或助长了金融泡沫，而不是被投资于实体经济上。

一种违反直觉的道德视角

人们之间严重的不平等现象构成了一个结构性的现实，实际上，与许多社会公正的支持者所认为的相反，这种不平等实际上并不一定是不公正的，但是前提是使命感能够克服贪婪的障碍。对许多社会公正的倡导者来说，这是一种违反直觉的思维方式，但人们可以从中获取对未来经济体系的启示。

我们的观点的核心在于，我们都可以获得不同的资源，取得不同的技能，拥有可供我们自由支配的不同的财富形式，这些财富不仅包括财务方面，而且包括个人和社会福祉方面，我们都可以获取丰富的自然资源，拥有公共演讲、教学、数学或科学的天赋，抑或舞蹈、歌唱、绘画、建筑的天赋，等等。这种差异，不应被视为一种不公正的形式，实际上可能更好、更准确地说，它应该被当作一个机会。拥有机会的人可以接触到其他人无法接触的东西，但其他人可以通过与这些拥有他们错过的又需要的东西的人联系而从中受益。在知识经济中，价值并不是固有地存在于对像金钱这样的单一资本形式的积累中，而是在于建立一个关系，使人们获得知识或其他缺失的要素，如此他们便能够以不同的方式走向繁荣。这种交换关系可能是促进社会公正的有力途径，人们不必默认重新分配才是唯一手段。

然而，一个真正道德的交换体系必须能够承认和衡量（由此它才可以被进行商业意义上的管理）不同贡献形式的内在价值。这将使每一个参与者都能最大限度地发挥他在实现自己命运方面所获得的能力，与此同时改善他人的生活。在这种背景下，将一些资本集中在有才能的企业家手中——这些个体有能力发展任何赋予他们的资本形式——不仅是一种商业需求，而且可以是一种应该被鼓励的道德行为（或者说至少不是非道德的），因为它可以非常有效地去创造和分享更大的整体价值，发挥每个个体的特殊优势。

在财富差距拉大和贫困扩大的不公平背景下，繁荣可能来自对已经拥有的人给予更多，而从拥有较少的人那里索取更多，这一观念与许多第一次考虑这个问题的人的意愿背道而驰。但这并不是一个新的概念，远非如此。事实上，这个概念几千年来一直是西方世界道德基础的一部分，关于塔兰同或弥拿（古代货币形式，金或银的质量单位）的古代寓言就说明了这一点。

在这个非常古老的寓言中，一个雇主在他离开的时候，给予了一个人五个塔兰同（或弥拿），另一个人两个塔兰同，第三个人一个塔兰同，让他们各自保管。拥有五个塔兰同的人，经过交易又获得了五个塔兰同，将其被托付的钱财增加了一倍。拥有两个塔兰同的人，也通过投资又获得了两个塔兰同，将钱财翻番。但是，第三个人害怕雇主发怒，埋藏了他的塔兰同以保护它，担心它会丢失或被挥霍，所以他一无所获。然而，第三个人却因为没有去投资而在雇主回来之后受到了批评。这个寓言的结尾是第三个人的塔兰同被没收然后被给了投资最多的那个人——企业家（其行为可被解释为一种对资源进行积极主动且巧妙的管理的方式）。被给予一个塔兰同的人由于懒散和缺乏有效管理而导致了塔兰同被没收。我们都被期望用我们所被给予的——不管是美元还是技能——尽我们所能，并且在一个重视所有资本形式而不仅是一种资本形式（金钱）的经济体中，良好管理的意义得到了扩展。因此，不一定要将金融资本重新均匀地分配给积极的人和闲散的人，并非一定要这样才能实现公平和正义。

这个永恒的故事对我们来说非常有意义，因为它远远超越了狭隘的意识形态，没有主张没收和再分配，也没有激励个人为自身利益而过度获取和积累；相反，它揭示的是一条通往更广泛的繁荣的狭窄道路，不论我们每个人的才能是什么，只要我们把每一种才能都利用起来，我们就能实现这种繁荣。它表明了一种道德和商业上的原则，即让每一代人都有成功的机会，并将每一代的资源集中在有能力成功的人手中。

但是这么做必须不是为了个人利益，而是为了更广大的利益，我们将在本书中展示，应用这种方法如何可以在实际中为所有人创造更大的利益，包括那些之前可能专注于从其他人身上榨取利益的个人贡献者。因此才有了我们在引言中引用到的所罗门王的至理名言（形式上略有不同）：“有施散的，却更增添，有吝惜过度的，反致穷乏；好施舍的，必得丰裕，滋润人的，必得滋润。”这不是一句空话，因为我们已经用这个理念试验过，并经历了上述这些结果，尽管它们在今天弗里德曼体系的背景下开始出现时显得有些反正统。

新范式的新方法

鉴于上述背景，我们在 2007 年开始的项目的第一阶段，涉及确认衡量业绩/成功的标准，这个标准高度重视关系、途径和资源效率，而不是仅看金钱的积累——后者基于的是一个假设，即目前商业中使用的唯一真正稳健的指标都与财务业绩相关。我们的研究表明，针对金融资本回报的业绩衡量方式是稳健而有效的，而针对价值创造的另外两大支柱——地球和人——的业绩衡量方式在某种程度上确实存在，只是目前还相当不成熟、不统一，并且在商业模式的背景下不能被直接操控。

目前的地球指标是不成熟的，其关注外部报告而不是资源效率

企业最常使用的地球指标，如碳足迹或温室气体排放（GHG），更多的是为了外部报告或标杆管理的目的，而不是为了业务单元层面上的管理行为。毕竟，达到碳排放危害等级的企业，可以根据《京都

议定书》等国际协议选择购买碳排放额度，至少在名义上抵消了二氧化碳排放的影响，如果他们愿意为这项权利付出为数不多的额外费用，他们就可以随意地以之前的程度继续碳排放。而新的概念，例如生物多样性补偿、栖息地服务和缓解银行——只列举几项，并没有比GHG 更有效。

在我们看来，这种外部类型的“产出”指标实际上旨在帮助一个公司符合行业标准，做一些“不太糟糕”的事。这些指标在不同行业之间的关联程度也不同。例如，对于像咖啡这样的商品，测量碳足迹几乎没什么用——可能仅在测量跟运输和分销相关的碳的情况下有用。这是因为在咖啡生产过程中，包括咖啡包装，实际产出的碳是极少的。

相比之下，我们更感兴趣的是一种商业模式的方法，它可以带来针对自然资本的管理指标或工具，有助于管理者提高对自然资源的利用效率。通过提高投入效率，而不仅是关注产出（足迹），我们寻求的是同时提供优秀的经营业绩和环境业绩。投入和产出的方法都有它们的用途，并且不以任何方式相互排斥，尽管它们的目的和受众非常不同。

虽然衡量和试图减少工业温室气体排放在本质上是一件“好事”，但是对二氧化碳的测量并不是为了影响企业的资源效率，也不会直接有意义地影响到企业的资源效率。它可以作为，也更多地被视为一种企业社会责任的努力或可持续性支出，在对环境的影响方面有一定益处。除了旨在提高企业声誉外，其在驱动商业管理者行为转变方面的可能性也较小，而推动管理行为的转变是我们新型商业模式议程的关键目标。而且隔离哪些最有危害的排放，确切的理由是什么，可以采取什么措施——为了能使环境恢复良好的健康状态，我们需要在宏大的规模上来实现这一切，这个难度就更大了。GHG 策略对企业来说当然不是一种变革，如果我们能向企业指明，减少对自然资源的使用如何可以创造更多的商业价值，那么企业会对环境有更多积极的影响。

比如，从我们环境思想方面的伙伴和广泛工作在环境可持续性领域的专家那里，我们了解到，每辆汽车的生产（平均）大约需要39 000加仑（14.7万升）的水，1 800加仑（6 800升）的水才能种植出足够用来生产一条蓝色牛仔裤的棉花。[5]几乎每种农作物的种植和每样产品的生产都可以得到类似的数据。我们还了解到，集约化耕作方式会造成水土流失和土地枯竭（由于土壤中盐分的上升，澳大利亚每天损失约500平方米的农田），[6]世界领先的环境研究人员表示，空气污染是一个日益加剧的危机，会导致全球变暖。我们并不质疑这其中任何一点，也看到了其中的价值，虽然这一直就是一个亏本的买卖。换句话说，以交易利润来换取一定程度的环境收益，除了遵从政府监管和获得一些极其抽象的声誉利益外，企业没有明显的或可衡量的投资回报。如果没有稳定的投资回报，这些计划是否真的可以改变游戏规则？

我们认为，了解这些与地球相关的数据，阅读企业年度报告中发表的励志的但大多是逸事性质的关于企业社会责任和环境可持续发展的故事，并不能为商业行为的转型变革起到必要的杠杆作用。这是因为企业管理者和他们的股东在为他人做好事时（他们不看重这一点），需要的不仅仅是折中的利润（他们很看重这一点）。满足政府监管机构或可能产生不良宣传效果的压力集团，或者偶尔多花点儿钱向股东、客户和消费者展示企业比其竞争对手更负责任，甚至因为供应链不再有保障而做出让步，这些都是好事情，但是这些是不够的。企业真正需要被说服的是，做好事并不总是为了利益的折中，而是因为它可以产生一个更好的整体业绩，这是一个可以帮助他们（在细化水平上）评估他们使用什么以及如何使用的强有力的模式。这将使他们能够做出明智的决策，更加有效地利用有限的资源，而这些资源自行补给的速度不再能够满足不断加快的资源消耗的需求。

关于业务单元层次上细化的（高度详细的）商业活动对环境的影响，我们（在我们的模式中使用）的知识体系正在不断完善。这使得在任何供应链上开展自然资本审计——并确认企业可以干预的张力点和位置，以获得有意义的效果——成为可能。我们将在第四章中详细讨论这个方法。

人才指标，既不相干又不成熟，而且更多的是用于做报告和进行标杆管理

在管理类文献和商业实践中，我们可以发现一种非常普遍的个人层面上的人才衡量标准，它侧重于衡量工作中的敬业度和福祉水平。比如，著名的盖洛普 Q12（评估员工敬业度的 12 个通用问题）员工敬业度调查涵盖了广泛的话题，如员工是否知道自己在做什么，是否拥有必要的方法、设备和支持来做这项工作，他们最近是否受到认可或受到带有关心、鼓励或重视意味的表扬或暗示。这些都是值得赞许的、有趣的指标，每年都被用以测试员工的心态，但在我们看来，这些都是基本的调查问题，在衡量员工敬业度和福利水平方面，它们形成了一种不完整的甚至有时带有误导性的指标，在识别促进员工职场福祉的真正动力方面，它们只是轻轻触及了表面。

更重要的是，企业可以在多大程度上使用这种敬业度指标来作为衡量员工福祉的独立工具——因为它易于管理，而且目前也没有其他

明显更强有力的指标——表明了我们需要更具影响力的、最终可以改革商业行为的衡量指标。人才指标的结合使用有利于人力资源专业人士进行有效干预，从而对员工福祉产生更有意义的影响。进一步说，这可以促进更高的敬业度，进而更好地推动业绩，吸引人才，以及留住最好的和最有前途的人才。

管理指标 vs. 报告指标

我们观点的核心是，尽管拥有一系列指标是有用的，尤其是为了外部报告的目的，比如 GHG 排放量是针对环境的，盖洛普 Q12 员工敬业度分数是用来检测职场的情绪状态的，但是从企业角度去理解那些有助于提高生产中的资源效率，增加员工在工作时的福祉并使他们更具幸福感、更多产的关键因素会更加实用。我们还需要知道，这些因素是否可以在不同的组织、国家和文化间进行定性校准，因为在跨越不同领域的时候经常会有显著的差异。

外部商业指标 vs. 内部商业指标

一般来说，商业指标要么是用于报告和标杆管理的外部指标，要么是支持管理决策的内部指标。前者是对世界发声，它包括 NSV（净销售价值——减去退货、损坏或丢失货物的成本以及折扣后的销售额）、现金、收益、EBITDA（在扣除利息、税收、折旧和摊销之前的利润——在没有金融和财政决策或税收环境的情况下的经营业绩）以及 GHG，这些大多被称为滞后业绩指标。滞后业绩指标大多有关产出，并往往相当易于衡量，但很难产生影响。它们通常被外部利益相关方支持且跨行业标准化，可作为外部报告工具在聚合级别上进行操作，而且一般通过财务报告和企业社会责任报告进行传达。

相比之下，内部指标主要是作为所谓的领先业绩指标，这些指标往往难以衡量，但比滞后指标更容易产生影响。领先指标以自己的语言对企业发声，比如 ROTA（总资产回报率——利息和税收之前的利润与总资产的比率）和 MAC（扣除加工成本后的利润率——在净销售额中扣除初期成本与加工成本后的利润百分比，呈现销售价格和商品成本之间的关系）。这些内部指标旨在反映企业和与其有相似使命的合作伙伴（基于文化和价值观）进行经营以及在业务单元层面上支持工作方式方面的不同。

我们提出的模式中的非金融指标属于内部指标或领先指标，并且只能通过一种改进商业模式的方法来实现，这使它们在企业如何以对利益相关方更加互惠的方式管理自己方面具有潜在的变革性。然而，领先指标和落后指标都需要有效的操作。非金融指标的设定在本质上是为了帮助管理层通过做好事而在规模上做得更强。换句话说，非金融指标的目的是通过自身的利益来吸引企业从以股东利润最大化为目标转变为变革的全球执行者。一旦企业具备了工具和实践方法，可以通过做好事而不是不顾及做好事（或者根本不做好事）的方式来赢利，企业领导者就能开始超越弗里德曼的信条（企业唯一的社会责任是使股东利润最大化），进入到大规模振兴群体、提高福祉、恢复环境的领域。

外部指标旨在与企业外部进行沟通，同时将企业与其他参与者进行比较。我们的模式重点在于设计与企业文化/ DNA 紧密相连的内部指标，这些指标有助于管理者在业务单元层面上做出合理决策，并且对所有价值链上的利益相关方都具有意义。

思想上的合作

为了开始对可产生最大杠杆作用的衡量方法进行调整，我们与一些世界领先的思想家和学术机构展开合作，其中包括哈佛商学院、哥伦比亚大学、波士顿大学、斯坦福大学、巴黎经济学院、索邦大学、威斯康星大学、纽约大学、麻省理工学院、瑞士国际管理发展学院、德国伍珀塔尔研究所、科特迪瓦（象牙海岸）国立高等统计与应用经济学学院、菲律宾马尼拉雅典耀大学、印度尼西亚大学和牛津大学赛德商学院等。我们的目的是，在最新研究的基础上，确立关键指标，帮助任何领域的任何企业来衡量其在整个价值链中关于利益共享方面的经营业绩。

开发非竞争利益的新模式

为了赢利和可持续运营，我们的模式首先关注的是与玛氏公司利益相关的领域，但是我们始终在内心坚持着，也向我们的管理团队解释过，这个模式需要能够适用于任何其他企业和领域，并对所有人开放。在我们看来，如果有很多人以类似的方式运作，而非我们单独行动，那么这种互惠互利的商业模式对我们的企业来说会更加有用。在商业的行话中，这会被称为“非竞争”甚至“反竞争”利益，而不是知识产权。

竞争的利益只能被一个实体运用，无论这个实体是个人还是企业。在商业背景下，它的特点通常是为用户提供一种竞争优势的方式，用户会力图拒绝他人的使用。与之相反，非竞争利益（或其扩展形式，被称为反竞争利益）的价值来源于其他人的使用，而不是排他性，因此，被视为非竞争或反竞争的利益必将被共享以带来更大的利益。

竞争利益的例子可以是食物，它只能让食用它的人真的受益，或者像螺丝刀这样的工具，一次只能被一个人使用。相比之下，非竞争利益可以是互联网，多人使用互联网，给每个用户带来更多的好处，强于只有一个人或实体以封闭的方式使用它。我们的新型商业模式是非竞争性的甚至反竞争性的，这一事实使我们很早地做出决定——并得到我们的雇主的支持——去公开分享我们了解到的有关我们的新指标和新模式如何推动业绩增长的知识，这些业绩可以通过多种资本形式进行衡量，其增长方式可以为任何特定的价值链中的利益相关方带来更多互利的成果。

一个可以使当前存在功能障碍的不完整的资本主义形式真正变得更加完整的模式，只有在众多企业和组织中被大规模地践行才有效，企业和组织共享的集体经验将发展、改进和增强这一关于传递相互利益的管理实践经验的价值。这就是为什么我们现在计划为该模式下一阶段的工作构建一个开放协作的平台，这样其他跨国公司——最终还有中小型企业、非政府组织、基金会、国际机构和学术机构等——可以在它们自己特定的商业生态系统中与我们以及其他方合作。通过这样一个平台，我们可以以互助的方式分享我们从新试点试验中获得的经验教训和数据，这有助于我们所有人为这一方法的更广泛推动建立一个更令人信服的案例。当灯能提供竞争优势时，人们恪守“把灯藏在斗[1]底下”（不露锋芒）的箴言；当共享能带来更多价值时，就是

① 斗：原文中用的是 bushel（蒲式耳），是英美等国的一种容器，类似我国旧时的斗。——编者注

时候把灯从斗底下拿出来了。改述我们前任首席执行官的话——他是我们的导师以及我们在工作上的核心赞助人：“你们的新型模式无关竞争优势，但是为了在未来保持竞争力，企业将不得不这么做。”

我们考察了价值链上的多方（农户、供应商、制造商、分销商、消费者），并询问了各方是如何从我们之前概述的多种资本类型——人类资本、社会资本、自然资本和共享金融资本——中获得报酬的。然后，我们确定了两个研究大类：一是涵盖包括金融资本在内的多种资本形式的业绩指标，二是可以为商业价值链上的利益相关方带来更多互利成果的管理实践。

我们开发的业绩指标基于的是一组约 15 个的变量，包含了我们所处理的所有资本形式。通过实地试验，它们已经被证明是足够准确的（涵盖了 75% 的信息——对在商业中的操作来说足够强大），并且在商业环境中非常稳定。必要的数据最终易于以数字的形式收集（例如，借助手机，我们已经在一些试点企业中测试出了不错的效果），代替了我们在最初的试验中采取的更耗时的、单独管理的调查。

实地调查的问题正处于针对我们运作所处的众多不同文化环境进行重新校准的过程中，并且正在被改进以尽可能减少其数量和复杂程度。人力资本的问题包括诸如工作时间，工作灵活性，工作要求，应对能力，工作量，来自供应商（需求方试点）、顾客、伙伴项目成员以及材料和设备方面的支持，再加上收入、储蓄、医疗保障和住房等主题。我们的社会资本问题包含诸如团队归属、专属资源、对集体行动的参与、信任、规范、行为和态度等主题。对于自然资本，我们既关注定量（每单位服务的材料投入——MIPS），通过 5 个指标（非生物/生物材料、空气、水、表土侵蚀）来考虑来自自然的所有投入，也关注定性（热点分析），涉及文献综述、案例分析和来自领域专家的投入。而对于共享金融资本，我们创建了一个初级的（进行中的）“共享价值”指数，在我们的试点所测试的价值链中，这个指数在某种程度上和基尼系数类似。基尼系数用一个基于个体净收入的数字衡量指定国家的收入分配，以此帮助解释收入差距。我们的共享价值指数则可以评估价值共享，确定潜在的商业干预的热点，随着时间推移跨越价值链展开比较，并规划价值链作为进一步评估的框架。

为多种利益相关方提供互惠的管理实践被校准，以确定它们如何发展人力资本、社会资本和自然资本——假设（随后通过实地试验进行测试）这些领域的发展必将对金融资本产生影响。我们在实地商业试点中测试的一些有关互惠的管理实践的例子包括混合价值体系方法（爱创家①最初提出的“混合价值链”管理概念，一个杰出的社会商业网络），该方法涵盖了与非传统（商业）实体（如非政府组织、小额贷款机构、国际组织，甚至宗教组织）合作，在我们的商业无法运作的群体中充分利用它们庞大的社会资本，而在这些群体中我们几乎没有这样的社会资本可以用作市场切入点。

混合价值体系中的合作在本质上以更为互惠的方式代替了在更传统的深度分销路线中倡导的“付现与自运”管理类型，企业通过与经销商签订商业合同，以协议的价格向市场输送产品。混合价值体系通常涉及解决非政府组织、地方协会或地方宗教组织的问题，其目的之一是交换到获取群体信任的途径，毕竟非政府组织、地方协会或宗教组织拥有企业无法用金钱买到的可信度。举例来说，非政府组织可能会为贫民窟的单身失业母亲寻找一个有意义的工作机会（一个真实的

① 爱创家：Ashoka，全球领先的社会企业家培育组织，为致力于服务社会、解决社会问题的社会企业家提供一个全球化的沟通平台。——译者注

例子)，或者在宗教组织的成员里可能有一群年轻却失业的潜在企业家，但是他们缺少新兴企业可以带来的良好的就业机会。混合价值体系在根本上更多的是一种关于互惠互利的约定，远远不止是交换货币。作为构建混合价值体系的第一步，我们进行了我们称之为商业生态系统测绘的操练，借此调查所有可能的利益相关方，评估他们的需求，以明确我们可以设法解决的痛点。

针对混合价值体系中其他人的需求来寻找解决方法，是我们攻克传统进入壁垒的一种手段。此外，我们正在以一种深度分销类型的新举措，利用当地企业家作为项目的切入点，而不是利用产品、销售或利润目标，或者一种哲学目的（如营养，即使营养可能仍然是人们所期望的)。首先，通过向本地企业家确保他们具备成功所需的能力，特别是在他们独特的市场环境和文化中进行无缝操作的自由，我们了解到，他们可能不得不脱离商业在传统上向价值链中的利益相关方提供的剧本。这可能意味着提供一种有助于创业的环境，例如允许企业家销售竞争对手的产品，或积极地将企业家与当地相关的参与者（如小额信贷机构）连接起来。当我们提供这类利益或灵活性时，我们发现我们的项目可自我维持和可升级扩展的可能性会变得大很多，因为我们正在解放企业家，使之成为企业家。如果相反地，我们将企业家的需求降到一个更低的重要等级上，就像我们看到的那么多社会企业责任类型的举措一样，我们就能理解为什么绝大多数这样的社会企业未能赚取足够的利润来进行规模扩大，尽管某些举措为企业声誉带来了好处。

这些只是我们的众多管理实践中的一些例子，我们一直在创新，从其他人那里借鉴，在实地进行测试。随着时间推进，它们将在数量和应用上得到发展，并且通过和其他企业以及不同类型的实体达成的伙伴关系，成为首屈一指的数据和知识的储备库，用于建立一个新型的、更加全面和完整的资本主义形式，为所有利益相关方带来更大的价值。这个方法首次提供了一种可以跨越所有资本形式对企业业绩和管理实践的影响进行系统衡量的手段——并且在此过程中拓宽了“资本”一词本身的含义。下面的章节会在资本的各个领域更为详细地阐述我们的方法，并以案例研究来支持我们的观点。

第二章

衡量人力资本和工作福祉的五个指标

如果员工认为管理层关怀他们，将他们视为完整的个体，而不仅仅是一个员工，那么员工会更有效率、更满意、更有成就感。满意的员工意味着满意的顾客，这能带来收益。

——安妮·M. 马尔卡希（Anne M. Mulcahy），
富士施乐公司前首席执行官

一个好人是会为旁人的幸福而高兴的人。

—— 阿拉伯谚语

正如我们在商业环境中所定义的那样，人力资本涉及影响工作场所个人福祉的诸多因素。简单来说，更好的员工人力资本和福祉容易吸引和留住更优质的人才，而且更幸福、更有积极性、更具才能的员工可能比那些不幸福、不那么有积极性和不太有才能的人表现得更好。由此，如果有足够科学稳健的方法来确定和衡量——在一个特定的企业文化中——员工人力资本和福祉的真正驱动力，那么就可以为人力资源管理者提供他们所需的洞察力来对那些明确的驱动力进行行业干预。

为了对个体人力资本和工作福祉形成一个更系统和更细致的了解，我们与合作伙伴克劳迪娅·塞尼克（Claudia Senik）教授以及她的来自巴黎经济学院的小组，对文献进行了调查，并确立了常规和非常规的来源来予以衡量。

人力资本和福祉的常规与非常规来源

常规的来源是工作合同中可能出现的那些因素，通常可以由一个组织来衡量（例如，工资、工作时间、工作地点、工作描述、技能、工作中等级制度的类型及员工在等级制度中的位置、健康风险、夜班需求等）。然而，社会科学文献强力证实了员工的人力资本和福祉已经远远超越了这些传统的常规因素，[1]还包括企业等级制度的陡峭程度、管理风格、工资散布状况、向上流动的前景、公司的企业形象、企业的社会责任，以及在企业工资网格中的相对地位。这些非常规的来源不是工作合同的一部分，但是在塑造员工的总体满意度、他们的人力资本和福祉，以及他们对留任并为有关部门的成功做出贡献的意愿程度方面，发挥了重要作用。

因此，我们开始着手解读人力资本和福祉的非常规来源，并确定了四个主要方面。第一个方面包括程序上的条件，或者工作方式。这涵盖了管理风格、公司是否鼓励团队合作或个人任务、决策自主水平、组织垂直程度、员工与直属上司的关系等。第二个方面由同事之间的社会互动组成，包括工作场所中社交网络的结构和质量，例如员工如何相互连接，他们在收入与工资、比较与竞争等话题上如何互动，以及他们在年龄、性别、种族和社会阶层等方面的多样性。第三个方面是企业形象——企业代表什么，企业是如何表现并被他人认知的。企业形象包括共同的价值观、信念和期待，这些东西常常体现在特定的语言中。它表现了管理者对其所拥护的价值观的践行程度（言行一致），它可以成为一种强有力的工具，用来替代更为正式和冗长的协调与决策程序。第四个也是最后一个方面，即员工之间的社会资本，它可以被描述为同事之间建立起的信任和合作行为的习惯。

工作福祉、人力资本和经营业绩

虽然这些来源是非常规的，但是它们可以被视为人力资本的一种形式，是一种企业特有的人力资源的资本类型，可以在员工忠诚度、生产力和流动率方面产生显著的积极回报。

如今，大量文献证实，这些人力资本和福祉的非常规来源对工作场所的业绩有着积极的影响，并且为企业提供了一种竞争优势的形式。举几个例子，盖洛普在工作场所管理和福祉方面的首席科学家吉姆·哈特（Jim Harter）和他的同事拿“全美最适宜工作的100家公司”中上榜的公司举例，与行业基准相比，这些公司都增加了股权价值。[2]最近，其他研究人员如亚历克斯·埃德蒙斯（Alex Edmans）[3]和皮特里·伯克曼（Petri Böckerman）[4]发现了类似的结果。

几个原因可以解释这种现象。比如，人力资本和福祉有助于促进合作行为和创造力。[5] 通过创造出一个激励人们坚持努力达到目标、创新变革和敢于冒险的环境，它们可以帮助实现更高的业绩。它们还有助于实现更高的生产力，因为满意的、忙碌的员工请病假较少，缺勤率较低。最后，有较高人力资本和福祉的公司有着较低的员工流动率和较高的员工保留率。因此，有非常令人信服的商业案例可以说明，我们应该建立一种方法来准确衡量企业的人力资本和福祉，评估它们的效果并有意识地进行管理。

衡量人力资本和福祉的方法

我们的方法的关键组成部分之一是规划出一个严格的多步骤方法，以一种可复制的方式来定义和衡量工作中的福祉和人力资本。过程分解如下。

- 从学术文献中找出有关人力资本和福祉的非常规来源的最新假说、理论和实证。
- 获取具有代表性的人力资源数据样本，这些样本涵盖了企业中具有代表性且可以被普及推广的不同方面（比如企业运营所在的各个区域、各种业务功能等），同时也可以提供个人层面的见解。
- 通过先进的计量经济学和非参数化数据挖掘技术进行查找，确定商业环境下最有关联性和最可被计量的驱动因素。
- 最大限度地（不能再大了）减少驱动因素，直到用少量因素便可以为多数价值做出解释。

- 测试不同方面结果的稳定性。
- 改进变量，直到我们获得一个可以在商业环境下被有效测量的指标。

我们在这里要强调的是，前面概述的方法——在任何组织范围内评估非常规变量——是普遍的。但是，工作福祉和人力资本的驱动因素很可能是某一特定企业文化所特有的。下文是对我们玛氏公司相关驱动因素的深入了解。

在这里呈现的结果是分布在各细分市场、职能和地区的玛氏公司员工的代表性样本。我们覆盖了所有的大洲和细分市场，调查了数千个观察数据。我们使用了个人层面的调查数据，即盖洛普 Q12 调查以及员工点对点特别调查，这两项调查都与内部人力资源数据相匹配。我们测试了大量的变量，发现了一些在我们公司中特别具有影响力的变量。

适用范围、数据来源和方法

核心研究的实施基于的是玛氏员工的代表性样本，这些样本来自 4 个不同的商业环境、职能和区域。我们涵盖了所有的大洲和细分市场，调查了大约 12 000 个观察数据（个体 × 年度）。

在第一种商业环境下（一个规模相对较小但独立的全球化业务单元），我们在三年（2008—2010）内研究和调查了全部的员工。在第二和第三种商业环境下（规模更大和更全球化的业务单元），我们在三年（2010—2012）内使用了多个国家的代表性样本。对于第四种商业环境，我们重点关注非洲（肯尼亚）单一市场在一个年度（2013）内的员工和合同工。我们在这项工作中使用的数据来源，始于公司的盖洛普 Q12 调查答案。

尽管盖洛普年度调查作为人力资本和福祉的一个独立指标不够充分——关于原因，我们之前已经提到（过于笼统、易于操控、忽视特定企业文化中福祉驱动力的背景等），但是它确实收集了大量的相关数据。我们将盖洛普 Q12 数据与我们公司内部的人力资源信息相匹配，涵盖了年龄、性别、家庭状况等人口问题，以及薪水、部门、员工的直属管理者、工作时间和其他相似类别的职位描述。我们与巴黎经济学院的学术合作伙伴一起开发了特别调查问卷，以填补我们在数据上的缺口，探索了企业价值与形象等人力资本和福祉的新方面、企业文化中“语言游戏”方面的知识，以及对可持续性倡议的态度。

最后，我们的方法首先包括了使用盖洛普的调查结果作为福祉和工作满意度的代替指标。接着，我们的研究团队使用数据挖掘和微观经济分析技术，分析了在个体员工层面上的人力资源和盖洛普数据，以获得在企业文化中福祉与驱动因素之间关系的准确估计。在控制人口统计的同时，我们量化了我们所发现的福祉与其潜在驱动因素之间的关系。

主要研究结果

我们确定了 5 个对人力资本和福祉具有不成比例的积极影响的驱动因素，并将它们分成两类：以自我为中心的驱动因素和以企业为中心的驱动因素。前者包括工资和向上流动的前景、地位（相对于企业里的其他人的社会认可），以及组织特性，比如直属管理者的影响；后者包括企业形象和员工的社会资本。

1. 与企业形象保持一致

在有意提升员工人力资本和工作场所的福祉方面，最重要的因素是组织的行为与企业形象一致化的程度——组织是否言行一致？结果可以分成两个不同的类别。

第一，企业的未来展望、形象、文化和商业策略（特别是可持续发展战略）是否都是一致的？如果这个问题的答案是肯定的，那么这就强化了员工对组织的信念。如果彼此之间不一致，那么这个事实就会逐渐削弱他们的信念。

第二，个人价值是否与企业策略一致？换句话说，员工个体是否赞同企业的价值观？如果答案是否定的，他们不赞同企业价值观，那么无论组织的行为与信念和价值观多么一致，员工都不会完全投入其中。

2. 员工的社会资本

在人力资本和福祉的五大关键驱动因素中，第二重要的因素是可衡量的信任度、群体内的社会凝聚力，以及群体为员工之间以及员工与管理层之间的共同利益而集体行动的能力（团队合作）。社会资本是人的资本的两种类型之一，但它是在集体层面上建立起来的，而人力资本更多的是关注个体。尽管如此，社会资本和人力资本彼此仍然是密切联系的，所以我们倾向于在商业试点试验中对二者都进行调研，以此测试我们的模式。我们将在下一章对如何衡量社会资本做深入详细的介绍。

3. 向上流动的前景（POUM）效应

我们的研究也表明，在玛氏公司中，POUM 效应比大家对工资不平等现象的反感更为显著和强烈。只要员工相信自己可以有向上发展的机会（一个与下文中地位观念相关的因素），他们就可以接受较大的工资分化。向上流动也存在一个超越了升职观念的意义，个体可以拥有学习和发展的机会，可以承担新的责任——这些都是可以被企业领导者积极管理的因素。

4. 地位（相对于企业内的其他人的社会认可）

第4个主要因素，也许会令人感到惊讶，无论地理位置如何，员工对自身相较于企业内的其他人的地位的认知具有显著的象征性价值。个体感知到的能力、社会认同和声望，是人力资本和福祉的重要来源，并可能在员工和雇主之间建立一种牢固的联系。

5. 直属管理者效应

影响人力资本和福祉的最后一个主要因素就是我们所说的直属管理者效应。就我们的目的而言，一个“直属管理者”在商业背景下被定义为一个管理个体员工（通常被称为直属管理者的直接下属，也就是我们正在衡量福祉的人）的人。很显然，一个优秀的直属领导者会力图支持、培训和提升员工，给予其关照。但是此外，改换直属管理者对于人力资本和福祉是有重大影响的，因为它会危及员工在那个人身上做出的情感投资，并且当这个管理者调动时，投资可能会受到极大的侵蚀。这并不是想要争辩直属管理者不应该产生调动，而是说需要采取措施以确保新的管理者对员工过去的成就有一个清晰的认识，并且给予认可。研究还显示，较小的部门和团队会产出明显更多的人力资本和福祉，而且任职时间长（不一定在同一部门）会对人力资本产生积极影响。

总体来说，人力资本和福祉在一个企业的成功中的重要性是不可低估的。满意和敬业的员工更有效率，在团队中发挥得更好，与同事和顾客也更加配合。再比如说，被评为“最佳工作场所”对企业的股权价值有显著的影响。

换句话说，增强人力资本和福祉，远远不是一个“软性”主题，它是可以在商业环境中以一种稳定的和可扩展的方式来衡量的。就稳定的意义而言，我们在特定文化背景中确定个体人力资本和福祉的驱动因素时所用的方法，可以被用于在任何文化背景中确认对于该文化最具关联性的人力资本和福祉的驱动因素。它适用于企业或政府部门、非政府组织、国际组织或基金会。就可扩展的意义而言，这个方法可以根据需要应用于大规模（或小规模）的劳动力，其结果同样准确。通过有效地管理人力资本和福祉的这五个组成部分（与企业形象保持一致、员工的社会资本、POUM 效应、地位、直属管理者效应），一个组织可以提高它的业绩，并且能够以标杆管理的目的为每个组成部分设定“等值工资”（见表 2－1）。

表 2－1 玛氏文化背景下福祉驱动因素如何等同于工资增长

福祉驱动因素	工资增长幅度
企业形象（对信奉的价值观言行一致）	+30%
员工的社会资本	+15%
POUM 效应	+11%
地位	+9%
直属管理者效应	-2%

表 2－1 简要说明了玛氏公司福祉的关键驱动因素——企业形象、社会资本、POUM 和地位——是如何能够潜在地等同于工资增长的。例如，那些相信他们的管理层对其信奉的价值观言行一致（在我们的企业文化中，这种特性被高度重视）的员工，可以被认为是经历了相当于加薪 30% 的福祉增长。同样，觉得在上升流动方面有良好前景的员工，他们正在经历相当于 11% 的加薪。相反，直属管理者的变动对

员工人力资本和福祉造成的影响，相当于（平均）减薪2%。

当然，这个表只是为了进行说明，而我们的方法并不是为了把每一种资本形式都提炼折算成金额，因为如果这样做，那么一种资本形式相较于其他资本形式可能会被高估。尽管如此，人力资本的收益可以如何用货币来解释的这一例证有助于不熟悉情况的人进行融会贯通，虽然它并不完善，但是我们还是可以这样说。记住这一点很重要，不同的企业文化可能存在不同的员工福祉驱动因素，而那些特别的驱动因素可能具有不同的对等工资，这取决于该文化的特性。表2－1的核心只是为了强化这样一个事实，即福祉有助于提升工作满意度，进而有助于提升业绩。

总结对人力资本和福祉的主要发现

1. 企业形象和“言行一致”

员工对其管理者是否奉行自身价值观的看法可以是——并且在我们的特定的企业设定中就是——员工人力资本和福祉的强大驱动力。

2. 员工的社会资本

特定的“企业内部”社会资本，可被衡量为信任度、社会凝聚力，以及集体行动能力，并在员工和管理层之间被衡量，这种社会资本与人力资本和福祉有着密切关联。

3. 向上流动的前景

所谓的POUM效应表明，只要个体相信他们在分配中可以得到向上发展的机会，他们通常就愿意接受企业内部更大的工资差异。在多数企业中，POUM效应胜过了员工对工资不平等现象的反感。向上流动可以有不同的意义，比如纵向或横向的职业变动，学习和发展的机会，等等，这些都可以被有意地管理。

4. 被感知的地位也很重要

地位——有关被感知的能力和声望，是一个工作的象征性价值——是人力资本和福祉的来源。

5. 直属管理者效应

更换直属管理者通常会对其直接下属造成不利影响；相反，一个敬业的、满意的直属管理者会对其直接下属的人力资本和福祉产生积极影响。规模较小的部门和团队通常会产生更多的人力资本和福祉，直属管理者与其直接下属的任期会对人力资本和福祉产生积极影响。

第三章

衡量社会资本

——群体如何影响增长

人类的基本法则是相互依存。人是通过其他人而成为一个人。

——德斯蒙德·图图（Desmond Tutu），南非第一位黑人大主教

我们也应该记住，一个真正的群体，它是一个共合体：一个地方，一种资源，一方经济。它回应了其成员对于实际的、社交的和精神上的需求包括他们彼此需要的需求。对于当前政治权力与财富的结合，答案是恢复群体与经济的身份。

——温德尔·贝里（Wendell Berry），

《平凡的艺术》（*The Art of the Commonplace*）作者

正如我们在肥沃的土地上种植庄稼一样，我们希望在肥沃的社会环境中建立我们的商业。

——保罗·迈克尔斯（Paul Michaels），玛氏公司前首席执行官

社会资本，当我们在商业背景下给其下定义时，是在群体层面而不是个人层面上进行表述的，并且它在我们如何将人类作为一项资产进行估价方面，紧跟人力资本之后，是第二组成部分。正如人力资本在达到一个足够高的水平时会为经营业绩带来好处而在过低水平时会拖累业绩一样，群体的“社会肥力”——我们称之为社会资本——同样也可以对经营业绩造成积极或消极的影响。正如我们将在本章中所解释的那样，一些商业试验已经揭示了社会资本实际上是商业和群体繁荣的一个重要驱动力。也许这并不出人意料，当一个特定群体有着足够的信任、社会凝聚力以及朝着共同目标一起努力的能力时，它就有了必要的社会肥力来发展并维持生活质量的提高。群体中较高的生活质量，特别是在趋于贫穷的商品种植地区，反过来会带来更高的经济产出，我们将对此做出解释。

我们为自己和我们的学术合作伙伴——来自波士顿大学的彼得·伯格（Peter Berger）教授以及他的团队——设置的问题，是从如何（以一种简单、可操作又精确的方式）理解和衡量社会资本的角度，围绕特定群体对企业成功的影响程度以及企业对特定群体的影响程度展开的。我们尤其希望了解，一个群体对经济产出的水平能造成多大的影响。

我们如何探讨社会资本的概念

在一个以商品为基础、从热带国家进口相当大比例的作物（可可和咖啡）的公司工作，我们主动将最初的研究重点放在小规模可可农和咖啡农上。部分原因是，这些商品的农民在很大程度上仍然贫穷，他们构成了价值链条上最薄弱的环节，也是生态系统中最重要的痛点之一。因此，这并不仅仅是道德责任上的干预，因为农民们正在放弃耕作或转向其他的作物。这产生了强有力的商业激励措施，通过干预来增加可可等商品的供应，因为供应预测无法长期满足需求预期。

对非洲的外国援助无效——仅靠大量注入资金是行不通的

正如美国经济学家威廉·伊斯特利（William Easterly）在他的论文《外国援助是否可以买到增长》（Can Foreign Aid Buy Growth）中指出的，在过去的几十年中，大量的国际援助对非洲的经济发展影响甚微。尽管在20世纪最后30年间，对非洲的海外援助从其国内生产总值（GDP）的5%上升到17%，但受援地区人均增长率从每年2%左右下降到零（在20世纪80年代末和90年代初低于零）。因此，对热带地区贫困农民的解决办法，不是仅仅投资于增长的传统近似来源，比如物质资本（如机器、工具、设备、技术）或人力资本（如教育、健康）。

有了这些知识的武装，我们开始考虑社会资本是否是最终的来源，是否可以确保持久的收益。我们发现，特定群体的制度安排（主要是非正式的）对机械、教育或健康方面的投资水平有显著的影响，相应地，也影响到增长。因此，我们希望了解，将社会资本层面和通常容易被忽视的因素比如信任和互惠准则等纳入考虑范围是否会带来任何影响，以及是否有方法可以分析通过国际援助注入的资金在未来如何被用于更优质的投资。这是我们研究的出发点，而第一步是就社会资本的实际定义达成一致。

社会资本的不同定义[1]

1924 年，社会学家和人类学家马塞尔·莫斯（Marcel Mauss）在他的文章《礼物：古代社会中交换的形式和原因》（The Gift：The Form and Reason for Exchange in Archaic Societies）[2] 中对社会资本的概念做了介绍。他写道："所有东西都交织在里面，一切构成了在我们之前的社会中严格的社会生活，甚至是那些史前时期的社会生活。在这些'全部的'社会现象中，就如我们提议称呼它们的那样，各种制度都在同时被给予了表达——宗教的、司法的和道德的，这既与政治相关，又与家庭相关；同样，经济的制度假设了生产和消费的特殊形式，或者说是执行全部的服务以及分配的形式……"这是一个极其复杂的定义。

1986 年，社会学家皮埃尔·布迪厄（Pierre Bourdieu）将社会资本定义为"真实或虚拟资源的总和，归属于个人或团体，因为他们拥有一个持久的、相互熟悉和认可的、有点儿制度化的关系网络（……）一个机构拥有的社会资本的量，尤其取决于它实际可调动的关系网络的规模，以及它所连接的个人拥有的（经济的、文化的或象征性的）资本量"。[3]

2000 年，美国哲学家和经济学家弗朗西斯·福山（Francis Fukuyama）指出："社会资本可以被简单地定义为一套示例化的非正式价值观或准则，在一个允许成员相互合作的群体中被成员共享。如果群体中的成员期望其他人会表现得可靠并诚实，那么他们将会彼此信任。信任充当润滑剂的作用，使群体或组织更加有效地运行。"[4] 这个定义也被史蒂文·杜尔劳夫（Steven Durlauf）教授和马塞尔·凡夫彻平（Marcel Fafchamps）教授运用，它简化了定义并识别出很多构成社会资本的关键组成部分（我们将在后面描述）。

1996 年，在对社会资本的兴趣日益增长的背景下，世界银行开始在热带地区的小型农村和城市群体中着手开展大规模的定性和定量数据收集项目，目的是开展社会资本衡量。作为这一行动的结果，根特大学的克里斯琴·格鲁特尔特（Christiaan Grootaert）和他的同事们最初在 2004 年设计的综合调查问卷中[5]涵盖了定性和定量的方面，同时也有针对被调查的群体中的家庭的问卷，这就把社会资本的两种形式做了区分：（本质上主观的）认知社会资本和结构社会资本（我们将稍后在本章讨论）。

表 3－1 简要总结了针对社会资本的一些相关度最高的定义和解释。

表 3－1　对社会资本最相关定义的总结

来源	定义
世界银行（20 世纪 90 年代）	群体的社交互动的质量与数量
福山（2000 年），斯坦福大学政治经济学家	信任充当润滑剂的作用，使任何群体更有效地运行
凡夫彻平（2006 年），斯坦福大学/牛津大学发展经济学家	在正式机构薄弱处社会交换的效能
一种公共资源（A “Club Good”）	如同物理资本，可以被积累，可以赚取回报，且因为会贬值而需要维护保养。如同人力资本，不使用会导致贬值，使用不会导致贬值。然而，它不能被个人“拥有”，也不能被交易。它是“非竞争性的”，即如果你正在使用它，其他人也可以使用它。它是部分排他性的，即你可以防止其他人使用它。它为团体的成员产出积极的、实际的好处，比如知识和技术的转让以及互惠互利的集体行动

正如在表3-1中最后一项的资料所示，尽管社会资本与金融资本有一些相似之处——它可以被积累，可以赚取回报，会贬值，并且允许你防止他人使用——但在不能拥有或交易这个意义上，两者是不一样的。虽然对社会资本有多种定义和解释，并且在历史上对社会资本都难以做出衡量，但是将这些描述整合在一起，似乎可以转化为类似以下的说法：特定群体基于正式和非正式的互动安排，为自身群体带来的利益。

此外，诺贝尔奖获得者罗伯特·索洛（Robert Solow）在1995年指出："如果社会资本不仅仅是一个时髦用语（……）它无论如何都应该是能够被衡量的，即使这衡量不准确。"8年过去了，有效的衡量方法离成为现实还很遥远，美国政治经济学家和诺贝尔奖获得者埃莉诺·奥斯特罗姆（Elinor Ostrom）评论道："社会资本…在衡量方面确实显示出严重的问题。"尽管如此，奥斯特罗姆认为"以难以衡量为由就否定（社会资本效用）这个概念是完全不明智的"。这就是我们在新型商业模式项目中寻求解决的问题，并且我们已经找到了一种实用的方法来衡量社会资本，已经证明这种方法对商业足够有利，并且它在商业背景下是可操控的。

衡量上的难题

到目前为止，衡量社会资本最主要的难题之一就是，人们会假设衡量方法太过复杂，不适合进行实际运用，还是把它留给学术界进行更偏理论性的处理吧。由于学术文献表明，几十个变量——实际上是60个以上或更多——加在一起才可以全面地描述一个既定的社会资本空间，那些本可能在应用意义上积极使用社会资本衡量方法的人大多都选择了回避，特别是在商业中。

然而，当高度的非正式支持和鼓励出现在一个群体内时，社会资本是显而易见的。与学术界不同，企业的优势在于它能够就“足够好”的数据和结果采取行动，而不是像工程或学术界那样，只在它们“尽可能接近完美”的时候才行动。这个现实极大地降低了现在的阻碍，也就是对于社会资本我们实际需要了解多少，才能开始得出合理的结论，来帮助企业开始采取实际的、有影响力的行动。关于企业社会资本的问题是，如何利用这种价值形式来驱动商业增长，同时也在群体内创造更多积极的社会效益，使群体更具有凝聚力、协作性和弹性。

答案是创建一种结合了定性和定量这两种衡量类型的方法。在创建这种方法时，我们的方式部分基于的是世界银行制定的基本指导方针（表3-1提到的对群体的社交互动在质量和数量上的衡量），利用世界银行自己设计的量化社会资本调查工具，但是我们尚未发现这种工具被世界银行以任何有意义的方式使用。我们希望通过运用深入的人类学和社会学的专业知识，在世界银行开展的工作上有所发展，并对调查工具得出的结果进行定性校准。

第一项措施（定性）源于人种论。我们委托了几个技能高超并对当地有丰富经验的人类学家团队。我们的目的是设法挖掘社会资本的驱动因素，为我们试验的地理位置取得一个基准线，从中我们可以利用发展经济学中用到的对企业更友好的、更简单的定量调查方法，也就是那些就准确度而言，对企业来说“足够优质”的方法，但是它们达不到学术上的精确，学术精确由于所需时间和资源过多而变得不切实际。那些对我们所试验的社会资本空间的（定性）描述是相当具有关联性的，可以帮助我们准确校准我们之后会用到的调查问题，以确保那些接受调查的人会准确理解我们的问题，并且我们会准确理解他们的答案。例如，我们发现在巴布亚新几内亚所用的900多种方言中，没有一个单词可以准确翻译英文单词“信任”。

第二项措施（定量）使用了大量的调查问卷（利用了世界银行社会资本评估工具的一个改良版本）。这里的目的是衡量社会资本的关键变量，以及社会资本对企业成功的影响。

为了进行更详细的定性研究，达到确定社会资本关键标志的目的，我们采访了供应端巴布亚新几内亚与坦桑尼亚多个群体中的咖啡农，以及科特迪瓦多个群体中的可可农。对于需求端，我们采访了越南、肯尼亚和菲律宾的微型分销商。很快，我们将增加对中国和印度的企业家的采访，并且在供应端，增加对科特迪瓦，也可能是印度尼西亚（苏拉威西岛）的可可农的采访，以及对乌干达，也可能是哥斯达黎加的咖啡农的采访。

我们选择巴布亚新几内亚和坦桑尼亚进行早期的社会资本试验，是因为它们在咖啡农贫困的情况上几乎完全相同，尽管在文化、语言和地理方面它们有很大的差异。同时，这也是赞助者的咖啡部门采购咖啡豆货源的两个国家。随后，我们尽可能快地选择了科特迪瓦作为贫困农民的第三个地理区域，但是针对的是一种不同的作物——可可，这也是我们公司业务的核心。之后我们又迅速选择了越南、肯尼亚、菲律宾和中国，以增加新的商业情景（需求）、新的社会学层面（贫困的城市群体）和新的地理区域。目的是判断对社会资本进行衡量是否可以成为确定分销渠道中薄弱环节的诊断工具，是否可以通过商业干预来处理这些薄弱环节。

表3－2简要总结了我们在2009—2015年承担的社会资本项目。

表 3－2　总结 2009—2015 年社会资本项目

商业环境	国　家	样本规模
来源：可可农和咖啡农群体	坦桑尼亚 巴布亚新几内亚 科特迪瓦	2 个地区，约 600 户 3 个村庄，约 500 户 第一期项目：7 个村庄，约 2 000 户 第二期项目：5 个村庄，约 1 200 户
销售：小型零售商	越南 肯尼亚 菲律宾	越南 8 个深度分销区域，从北至南，2 400家小型零售商 内罗毕周边 6 个郊区，450 家小型零售商 马尼拉周边 3 个郊区，400 家小型零售商

在定量上，我们使用了世界银行的社会资本评估工具（按照我们的目的进行了改良与校准），分解出能够以可复制的方式被衡量并提供最大杠杆作用的因素。概括地说，一般而言，我们希望能够确定群体对正规法律机构的依赖程度，以及权力分散的程度是否会带来影响。在更细化的层面上，我们希望了解认知方面的影响，比如信任和结构组成，包括群体的组成方式（见图 3－1）。

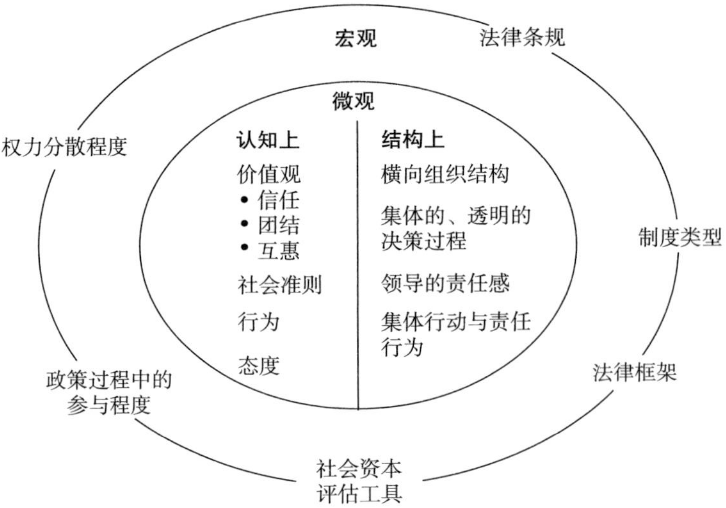

图 3－1　社会资本的因素

来源：从世界银行 1990 年对社会资本评估工具的描述中提取的说明

把这些因素进行分解，认知上的成分更加非正式，基于的是对过去事件的预期：依赖对人们借贷的信任，从人们的志愿服务与捐赠行为中得到安慰，以及相信人们不仅要对自己的行为负责，还要处理自己在道德上的违规，抑或群体会对他们负起非正式的责任。

结构上的因素着重于个体被群体接纳或排斥的方式，群体对决策制定的参与程度，权力如何行使，以及群体人口如何构成。

我们把分析结果划分成可以分析和衡量的两组：行为变量和身份变量。如表 3－3 和表 3－4 所示，行为变量包括三个认知要素（信任、团结、行为与态度）和两个结构要素（排外和集体行为）。

表 3－3　认知社会资本

要素	内容
信任	借出和借入 对他人帮助的期待
团结	对慈善的志愿工作 捐赠钱财
行为与态度	人们对自己的言行负责 人们纠正自己的道德过失行为

表 3－4　结构社会资本

要素	内容
排外	差异性导致排外 被群体接受
集体行动	对选举活动的参与 团体结构
横向组织密度	团体从属和结构
决策过程	自上而下（领导决定） 自下而上（成员决定）
社会人口特征	性别、年龄、宗教、移民

主要研究结果

在实地研究和试点中显而易见的是，社会资本是繁荣和经济业绩的一个至关重要的驱动力，这是一个重大的突破性的发现。在被调查的群体中，拥有较多社会资本的群体始终比拥有较少社会资本的群体在经济上表现得更为优秀。另外，在对 6 个国家的 34 个地区或村庄的 7 500 户进行了 60 多个变量的测试之后，我们分解出三个变量，它们占社会资本空间的 75% 或更多（见表 3－5）。这些变量是：

- 社会分工或凝聚力
- 信任
- 集体行动的能力和行为态度

这一发现表明了一种人类在群体互动情况下的普通本质，它既简单又可扩展。这是因为同样的三个变量牢固结合在一起，占据了足够在商业环境中实际使用的社会资本空间，尽管根据不同情况三者的权重不同。通过把企业可以使用在供应端或需求端的任何市场、文化或作物上的变量从 60 多个减少至 3 个，用以解读、衡量和监测社会资本，曾经被认为对于商业使用过于复杂的社会资本被转化成一个快速有效的商业工具。这样的一个工具在商业用途上存在很多可能性，其中大部分才刚刚开始被挖掘和测试。

在供应量充足的地方，业务单元可以利用社会资本来判断在这个供应方群体中哪里会存在着足够的“社会肥力”来维持该群体的生活质量的提高，进而使供应链合作伙伴能够与企业共同繁荣。通过这种方式，供应链可以变得更加安全。同样，通过在商业活动开展之前对社会资本进行评估，企业可以避开那些因社会资本不足而无法作为企业供应链的一部分繁荣发展的供应方群体。然而，当商品需求超出可获得的供应量时，企业可以选择有意地制定商业干预措施，来帮助社会资本过低的供应方群体增加社会资本，由此增强信任、社会凝聚力和集体行动能力，为所有利益相关方带来更大的繁荣。

表3-5 多个试点中的社会资本占比情况

国家	社会凝聚力	信任与行为	集体行动能力
巴布亚新几内亚 咖啡农 2011年	32% （分歧与个人主义）	18% （团结）	24% （冲突）
坦桑尼亚 咖啡农 2011年	51%	18% （团结）	11& （冲突与不信任）
科特迪瓦 可可农 2012年	51% （分歧与个人主义）	24%	9% （道德与负责的行为）
越南 小型零售商 2013年	45%	11%	24%
菲律宾（布鲁姆项目） 小型零售商 2015年	0%	49%	23%
肯尼亚（马乌阿项目） 小型零售商 2015年	34%	29%	13%

注：%表示在总社会资本中的占比，由特定变量（即三个显现出的方面——社会凝聚力、信任与行为、集体行动能力——占本项调查中总差异的75%）来解释。

例如，我们的一个非政府组织合作伙伴国际机遇组织（OI）使加纳的可可农参与了一项团体小额贷款项目，该项目旨在促进良好农业规范（GAP），包括对之前未施肥的可可树施肥。在国际机遇组织的项目中，每个借款人都要为其他农民的贷款做担保，这（在国际机遇组织看来）会增强信任、社会凝聚力和集体合作能力，通过协作和分担风险，农民们在整体上变得更为高产。尽管国际机遇组织彼时没有衡量社会资本的方法，但是它和我们分享了一个事实，很多周边群体关注到参与这个项目的农民都成功了，于是其他农民变得更愿意加入这个项目并为彼此的小额贷款做担保。这只是一个如何通过比较简单的干预而有意地增强社会资本的例子。如果未来与我们合作的企业要实施一些可以提高社会资本的干预措施，我们将力图衡量与跟踪受援助群体的社会资本，从而更为细致地了解这一动态情况。

我们公司的一位商业领袖在第一次接触我们对社会资本的衡量方法时问道，我们的团队是否可以对意向中的新工厂场地的周围群体做社会资本调查。根据从我们团队获得的关于社会资本的知识，他的理由是，在做未来工厂选址的决定时，除了征地成本、运输成本、电力成本、税收结构、当地基础设施等，社会资本将成为另一个需要被考虑的重要因素。另一位商业领袖询问我们，是否可以评估我们一家工厂周边的贫困群体，来判断我们是否应该对增强社会资本做出投资，以此作为扭转周边群体生活质量下降局势的一种潜在手段，使之可以与我们的设施一并繁荣发展。

在需求端，我们运用了社会资本和人力资本作为诊断工具，来帮助我们确定我们可能解决的在分配过程中出现的痛点（他人最迫切的需求）。比如，我们雇用的微型企业中的穷人，可能没有购买一辆带篮子的自行车的金融资本，而篮子可被用来更加有效地运送我们的产品（一个真实的例子）。通过与小额贷款机构合作，这一痛点可能会有所缓和。一旦我们勘测出主要利益相关方的痛点，那么我们就可以——在用来测试模式的试点企业中——让管理者与合作伙伴负责提高社会资本（和人力资本）而不是首先关注提高销售额和收入。我们发现，销售额与收入的提高正是将他人的需求置于首位这种违法直觉的方法所带来的结果，这意味着如果你不追逐金钱，那么金钱会找到你，我们将在本书后面的一个具体的案例研究中做出说明。

人力资本和社会资本

那么，至此，我们已经分解出总共 8 个可衡量的变量，它们能够影响一个企业的经济业绩，并且与经济活动中涉及的群体和个体相关：社会资本有 3 个，人力资本有 5 个。我们下一阶段的工作考虑了类似的主要变量是否能够从第三个领域（自然资本）中分解出来。

总结对社会资本的主要发现

1. 社会资本对经济发展有影响

社会资本驱动繁荣和经济业绩，尽管它通常被忽略，不被纳入考虑范围中，这可能是由于它被认为过于复杂或仅仅因为人们对它的重要性无知，比如，你无法对它拍摄照片，而你可以对一个典型项目中的一条道路、一所学校或一口水井拍摄照片。但是，就像任何其他资本形式一样，社会资本可以被利用、被创造和被浪费。它也可以通过商业干预措施被有意地增强。

2. 它能够以稳定、可扩展的方式被衡量，使它与商业相关

三个简单的变量（信任、社会凝聚力、集体行动能力）足以说明社会资本的构成，而所有其他变量无须被企业考虑，当然，除非是在从事纯粹的学术活动时。此外，社会资本在不同的地理区域间是稳定的，数据收集是可扩展的。

3. 在商业运行中是可操作的

我们可以利用社会资本来评估我们或其他人所处的社会经济环境的肥力，并且我们可以诊断和追踪企业的目标行动/干预的影响。

第四章

衡量自然资本

——以少制多

拯救我们的地球，把人们从贫穷中解放出来，推动经济增长……这是同一个战斗。

——潘基文，联合国前秘书长

万物在呻吟。

——大数的扫罗（Saul of Tarsus），
即使徒保罗，第一代基督徒的领导者之一

地球是我们所有人共有的。

——温德尔·贝里（Wendell Berry），
《平凡的艺术》（*The Art of the Commonplace*）作者

衡量自然资本[1]的驱动力基于的是一个简单的前提：尽管地球有年复一年更新再生的能力，但是它的资源是有限的，有限的资源必须被恰当地评估和管理。在前两章中，我们讨论了人力资本和社会资本如何彼此联系，并以非货币的形式被衡量，通过它们与经营业绩的关联性等方式来创造价值。同样地，管理自然资本也可以带来商业优势，同时也会为全球范围内的个人与群体带来福祉——资本的关联性可以创造一个可衡量利益的良性循环。

我们将在本章调查企业如何能够以与目前衡量金融资本时相同水平的意向性和严密性来管理它们对自然资本的投入。通过这样做，企业可以节约更多资源。同时我们将展示，企业如何评估这种新方法为企业以及自然与社会所带来的好处。

这不是那种更为常用的衡量排放量的方法，即在企业可持续性和其他企业社会责任倡议中常见的生态足迹，（以一定的代价）努力对环境做“较少的坏事”，同时符合外部标准，也就是二氧化碳（碳）足迹。虽然投入和产出这两种方法各有好处，但是当今只有非常少的公司尝试以投入为中心的资源效率方法，这就是在一种新的资本主义商业模式的背景下，在利用自然资本使积极影响最大化方面，我们所看到的一个赢取“巨大胜利”的机会。

学术文献中两大环境学派：投入法与产出法

在研究自然资本的时候，我们问自己，如何能够以较少的投入获得较多的产出，如何衡量这样做带来的好处。这些问题有两个重要的含义。首先，必须把重点放在企业可以控制的因素上；其次，必须把重点放在企业如何在整个商业价值链中优化对自然资源的有效利用上，关注我们如何衡量我们使用的东西，如何同时提高我们的经济产出。

当我们与德国伍珀塔尔研究所的研究合作伙伴一起回顾关于环境思考之根源的大量文献时，有一点显而易见，那就是我们需要在历经30多年发展起来的两大思想学派中做出选择：在这个模式中，我们是把重点放在控制投入还是控制产出上？并且，哪种方法更有可能在推动最为显著和持久的积极改变的同时，产生更加明晰的结果？

关于产出，最普遍的问题是（纯粹从商业背景下的衡量视角，而不是从原则上来看），在高度复杂的自然环境中，确定哪些产出是特定原因造成的影响往往是很困难的。因此，在当地业务单元层面上管理产出更加有难度。科学家设法找出了氯氟烃和臭氧层破坏之间的因果联系，但是在对产出的衡量上，这更多的是例外而不是规则。产出也是对环境所承受的人类活动的衡量，而不是对可以实现的目标的衡量。我们的观点是，在制造过程中企业应尽早在其权限范围内做好控制，这样做会带来实际的、可衡量的回报。

我们完全同意，参与限制产出的国际和跨国谈判是企业的基本责任，企业应该为政府提供最大限度的帮助，把排放和有害影响降到最低，应该采用产出环境指标来报告企业活动对地球带来的影响。然而，这样的协议和实践在时间框架方面往往更加旷日持久，并且超出了单一实体的可控范围，这使得它们对企业来说更加难以管理。

选择投入

虽然产出法在整体的层面上，在以目标设定、沟通和标杆管理为目标时（即在企业和国家层面）是适宜的，但是在细分的当地业务单元层面，投入的方法更为合适，更有助于做出管理决策。因此，我们在自然资本领域所考虑的商业模式方法侧重于投入，我们认为，它们构成了在商业环境下最简单、最实用且最可操作的方法，原因如下。

1. 选择投入带来更佳的可测性

经济合作与发展组织开发的因果链分析模型表明，可测量性（以及管理能力）是随着从投入到影响（产出）的因果链递减的（见图4－1）。这是因为任何生产系统中的投入，比如原材料或燃料，在生产过程中的消耗量是已知的。然而，在没有详细又昂贵的环境监测的情况下，对生产系统中产出的影响的衡量，比如特定的排放和污水混合物对环境造成的危害，往往是无从得知的。因此，一些废弃物和化学物质（如塑料、模拟激素化学物质等）才刚刚开始被了解，并且目前是很难被量化的。

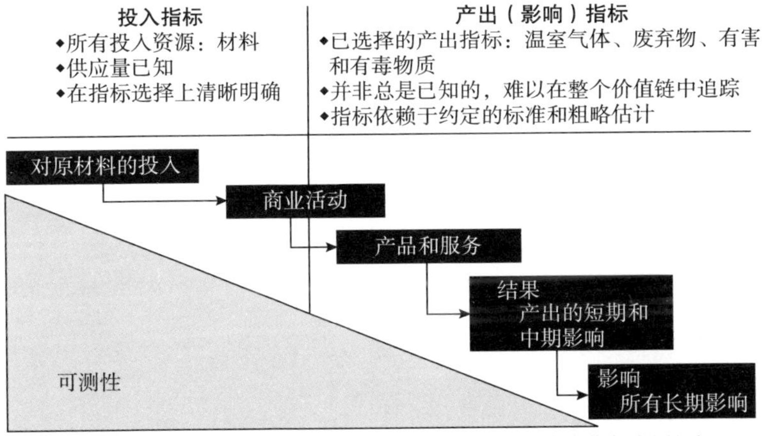

指标的可测性沿价值链从投入到产出的变化（因果链分析，经济合作与发展组织，2002年）

图4－1　投入 vs. 产出，以及影响的可测性[2]

2. 选择投入的衡量方法仅需要五个指标（简约性）

投入的选择允许企业在一组小范围但多样性的因素中（简约性原则或简单性原则），以极大的精确度识别出企业使用的自然资本——

比如生物与非生物材料（即有机与无机材料）、水、空气、土壤、生物多样性。在第七章所描述的试验中，我们可以通过生命周期分析，分解出五个指标（非生物材料、生物材料、水、空气、表土侵蚀），它们在单个咖啡包装袋生产所用的投入中占比几乎达到90%。这是我们第一项自然资本的试验课题（见表4-1）。

表4-1　自然资源投入的五个主要指标

指标	解释
非生物材料	无机材料，如矿物、金属
生物材料	有机材料，如蔬菜、生命有机体
水	降水、泉水、生活用水
空气	通过燃烧消耗的氧气
表土侵蚀	由于森林砍伐、土壤盐碱化等

但是重要的是要记住，并不是在每一个商业环境下，这五个普遍的投入指标都是可操控的。因此，侧重于关注企业在自己的商业背景内可以对哪些指标采取行动是很重要的。比如，在第七章中描述的咖啡包装袋的情形中，我们选择应对非生物材料，因为它涉及咖啡袋的非生物降解——这完全在公司的可控范围之内。同样，我们没有优先考虑表土侵蚀问题，但是如果企业的结构是垂直的而不是横向一体化的，企业拥有自己的作物种植园，那么表土侵蚀指标将变得更加可操控，也因此与我们的特定企业更为相关。

3. 两个简单方法几乎涵盖了一个星球评估的全部（简约性）

每单位服务的材料投入（MIPS）

投入法有助于企业制定一个简单的、劳务密度较低的、基于流程的定量方法（被称为每单位服务的材料投入或MIPS）。MIPS可以帮助管理者衡量生产一个单位的任何产品（例如一杯咖啡）所需的所有五项自然资本投入。它有助于识别需要改进的领域，并可以为其他产品提供基准。正如来自伍珀塔尔研究所的贾斯特斯·冯·盖布勒（Justus von Geibler）博士和他的同事所述："通过运用MIPS，公司可以实时控制其所用材料、工序、物流和产品在生命周期内给环境造成的潜在压力。"[3]

热点分析（HAS）

热点分析是一个定性方法，它以快速可靠的方式来处理整个价值链上的环境问题，而这些问题无法通过定量方法得到解决（比如生物多样性），因为目前还没有精确的数据，并且它们没有适当地被投入指标涵盖（比如废弃物和排放）。这个方法基于的是盖布勒博士等环境专家的工作成果、科学文献中的知识，以及现有的案例研究。研究结果强调了在产品价值链中（即价值链中使用高水平投入的部分）所谓的"热点"，它提供了一个起点，一个从较少的资源中获取较多价值的起点。当然，并非所有热点都是可操作的，但是通过商业干预来确定哪些对企业来说是可操作的部分，并且处理它们，可以使企业更有效地利用资源。

4. 自然资本生产率（四倍法）

投入法的显著好处是，它关注到了资源生产率的问题（用更少的投入创造更多的产出，没有任何浪费），这与大多数企业在运营管理中所采用的效率原则是非常一致的。投入的其他优点包括从最小的业务单元到最大的业务单元进行测量和信息汇集的可能性。这对于为地球开发一个核算体系，应用所谓的四倍法（见图4-2），是一个非常有用的特点。[4]通过借助自然资源指标比较产品与生产所需的材料投入的总量，四倍法可以帮助确定衡量地球投入回报率的单个业绩比率。最后，投入法可以使我们通过特定的商业活动，非常简单地监控地球资源如何能够随着时间发展被有效管理。

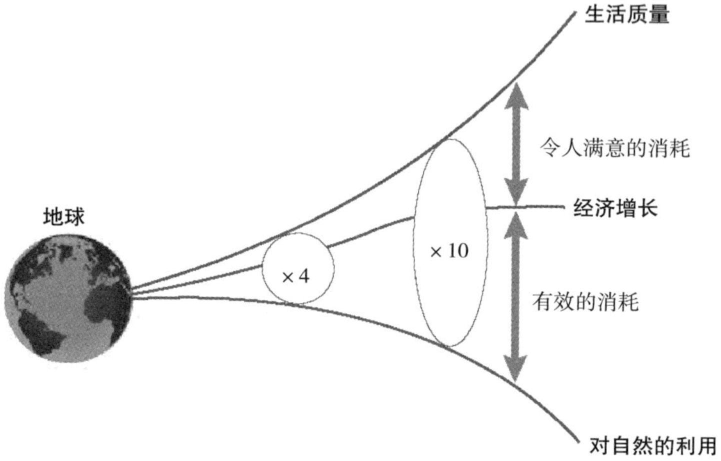

图 4-2　四倍法/十倍法——以少制多

来源：玛氏公司催化剂智库和伍珀塔尔研究所

5. 可操作性——以管理为目的的地球核算系统

投入法最终可以被用于创建一个包含四个要点的地球核算系统（PAS），定期衡量投入，逐年比较投入，并对战略上的行动进行追踪。地球核算系统的四个要点如下。

- **数据储备**。这个部分涵盖了对产品生命周期中所有投入的数据维护，以及对相关科学文献的持续监控，以改进热点分析。
- **更新**。这一部分涉及通过 MIPS 对资源投入的衡量进行定期更新，并利用热点分析的研究结果对其加以完善。
- **评估**。这一步骤提供对当前结果和上一次完成的衡量之间的比较，以此评估现实与预期的影响。
- **可操作性**。随后我们对潜在科技发展进行分析，以减少所选战略领域的资源投入，提高资源效率，根据实用性和对环境的潜在影响来确定潜在干预措施。

6. 投入和产出互为补充并服务于不同目的

最后，如表4－2所示，投入法和产出法是互为补充并且彼此相关联的，但是它们有着不同的受众并且为不同的目的服务。投入法的重点是提高对自然资源的利用效率，在微观层面上更有助于业务单元做出管理决策，而产出法侧重于衡量和减少浪费，这在宏观上更适用于国家或企业/行业做报告。因此，我们认为，在商业环境下，投入法——更直接地推动管理决策——比产出法更具有可操作性。当企业致力于提高自然资本投入的利用效率时，这同时也会为减少排放带来积极影响。

表4－2　投入法和产出法的对比

对比项	以投入为导向	以产出为导向
关注点	提高自然资源利用效率	减少排放
指标	材料、水、空气、土地、生物多样性、能源、表土侵蚀	温室气体、废弃物、废水
运营环境	微观，业务单元层面	宏观，国家或企业层面
主要概念	四倍法、十倍法	比如“零排放”目标
目标	对自然资源的有效管理	企业或政府政策
结果	生态创新：在利用自然资源投入方面更有效率的技术	全球性指导方针，以减少对全球变暖的影响（比如生态税、排放交易体系）

当我们对从哥伦比亚到英国的“一杯咖啡之旅”（见第七章）这个具体例子实施本章所述的措施时，我们能快速确定在哪些地方我们可以在实现经济增长的同时减少对自然资源的使用。这为提高生活质量和利用现有技术促进可持续性提供了机遇。换句话说，这些好处——对于地球和企业都是如此——不要求对新技术进行过度投资。

相应地，这个结果表明，我们发现的改良措施在理论上对于经营任何制造业的任何人都是有效的，尽管一些商业活动在技术上实际可能（目前）还没有有效的解决方案，或者在科技前沿上没有达到目标，在探索解决方案时产生了一个时间上的滞后。但是，我们并不是要在这里寻求一个完美的解决方案，我们只是要重新把企业的重点放在它们可以做什么来让前端活动变得更有资源效率上。从我们对自己行业的商业生态的了解来看，在投入方面还有很大的提升空间。此外，在控制投入上的进步甚至会有巨大的潜在回报，不仅对于发起企业是这样，对于涉及在内的所有利益相关方也是如此。

这种“以少制多，促进增长”的方法存在一个潜在的矛盾，因为如果发展到一个极端，那么过度增长最终将通过越来越多的资源密集型商业活动来消解对环境的积极作用。这就是经济学上所说的杰文斯效应（Jevons effect）或杰文斯悖论（Jevons paradox），当技术有助于提高效率时，由于需求的增长，最终驱动的是更多而不是更少的消耗。因此，对于企业能达到的资源利用率程度应该有一个限制，并且在某些情况下，企业可能需要在一段时间内以较少的资源生产较少的产品，这对缓解资源枯竭十分重要。即便如此，在还没有触及杰文斯悖论的危险地带之前，企业目前的资源利用效率很低——部分原因是自然资源还没有通过我们所提倡的衡量方式被适当评估和管理——还有很多对环境有益的举措可以被实施。

基于我们迄今为止的学习，对于自然资本，我们可以非常有信心地断言，虽然纯粹的产出法的确可以帮助企业符合外部基准和报告标准，但是在商业模式背景下，投入法可以让我们的资源利用效率更高。这是通过向企业管理者提供热点领域/痛点来实现的，他们可以通过新的或现有的与自然资本相关的管理实践来解决这些热点或痛点。

反过来，更高的资源效率不仅可以节约成本，随着我们减少自己所留下的负面生态足迹的影响，我们相信资源效率的提高还可以促进企业实现增长。如今我们有能力收集到对自然资源投入方面的足够细化的数据。这给了我们一个具体的目标：找出减少对五个领域资源的使用的方法，在提高企业赢利能力的同时，将我们对地球的影响降到最低。

总结对自然资本的主要发现

1. 对自然资本的投入是可衡量的

利用五项“普遍的”指标（非生物和生物材料、空气、表土侵蚀、水），应用标准价值链生命周期型分析，我们可以获得必要的数据来衡量自然资本的投入。在用于说明的咖啡试点中，这五项指标覆盖了我们所研究的单杯哥伦比亚咖啡包装产品生命周期中所有投入的约 90%。

2. 自然资本效率影响业绩

对自然资本投入的利用效率可以给企业业绩带来积极影响。伍珀塔尔研究所的“四倍法”非常具有应用前景，通过减少投入来提高利用效率，这具有节约资源、减少生态足迹和驱动增长的综合效应。并且，关于咖啡试点的一个简单发现是，几乎四分之三的非生物材料的投入指标都被不可生物降解的铝箔包装所占据，这为企业将研发投资用于开发可生物降解的包装提供了所需的信息，相应地，这也将通过提高效率带来价值。

第五章

重新校准金融资本

——互惠如何驱动利润

我们应对他人行善，这简单得如同马儿奔跑，蜜蜂酿蜜，葡萄树年复一年、不假思索地结着葡萄。

——马可·奥勒留（Marcus Aurelius），古罗马帝国皇帝

放于利而行，多怨。

——孔子

目前，我们还没有详细分析人们最为熟悉的资本领域：金融资本。这里的关键在于我们希望对资本产生的方式进行一个全新的审视，最重要的是，它是如何在不同利益相关方——不仅包括股东和投资人，而且还有价值链上不同的参与方——之间被共享的。比如，在制造业中，每个利益相关方会为最初的原材料添加一些有价值的东西，直到它转化为最终成品，然后被销售给消费者。在非制造业，比如服务业中，同样的问题也适用，只不过对金融资本的价值创造和价值获取发生在不同类型的利益相关方之间。

本质上，首先我们想要对每个主要利益相关方在价值链上生产和获取的金融资本有一个详细的了解。其次，我们希望开发一个简单且可扩展的方法来理解金融资本是如何被共享的：在顶线水平上（即金钱走向、总销售额或营业收入），以及加成水平上（即价值如何在利益相关方中分布，每个利益相关方通过添加他们的服务成本来提取一些价值）。最后，我们希望开发一个共享价值指数形式的指标体系，它与基尼系数（一个旨在考察居民内部收入分配差异状况的重要分析指标）有一些相似之处。目的是评估利益相关方的价值分配，确认需要关注的热点（过多地压榨一个或多个利益相关方，可能造成分配偏差过大，从而产生不稳定性），以及在整个价值链上随着时间发展进行比较。

我们选择咖啡作为我们新型商业模式试验和分析的第一个产品类别，因为它在全球约 80 个国家（主要在热带地区）被种植，数百万名员工因此受雇，它是世界上交易量最多的商品之一。另外，全球 70% 的咖啡是在小型家庭农场中生产的，并且生产过程属于高度劳动密集型，对先进技术的使用非常少或者为零。为了提供一个有意义的比较，我们的分析基于的是一小袋玛氏品牌咖啡的生产，并且我们比较了价值链上的收益共享方式，根据每个利益相关方的购买力平价(Purchasing Power Parity，PPP)[1]进行调整。

此外，我们以我们研究的玛氏咖啡为基准，与其他咖啡生产商以及各种不同类型的作物进行比较。如表5-1所示，通过对单包咖啡的价值链的现有数据进行基本分析，我们发现，收益分配朝下游的倾斜达到了一个令人惊讶的程度，制造和分销占据了零售销售额的84%。即便这些数字通过相对购买力平价进行了调整，我们发现仍有70%的零售销售额被分摊给了制造和分销。

表5-1　单包咖啡金融价值共享分析

价值链	共享百分比（实际）	共享百分比（购买力）
分销	45.0%	37.0%
制造	39.0%	33.0%
焙烤	4.5%	6.0%
合作机构	4.5%	8.0%
农民	7.0%	16.0%

在这里我们应该明确的是，我们在之后并没有详细研究这样分配收益的原因，但是我们确实根据价值链上的每个利益相关方的购买力平价进行了调整。下一个试验也将根据利益相关方的投资和风险做调整——这是一个更加复杂的任务，它将使共享金融资本的未来研究结果对商业更为有用。有了这些额外的数据，在价值链的各个步骤上规划一个理想的价值分配方案可能就值得一做了。在这个尚处于萌芽阶段的共享金融资本试验中，我们最初想要探索的是这种情形的可持续性，以及对收益分配进行再平衡的影响。当我们对比其他类别时，这一特定的收益共享方式成了一个选项，而不是一种必要。

咖啡的收益共享模式虽然与可可很相似，但是它与其他三个产品种类（糖、小麦、汽车燃料）相比有显著的差别（见图5－1）。

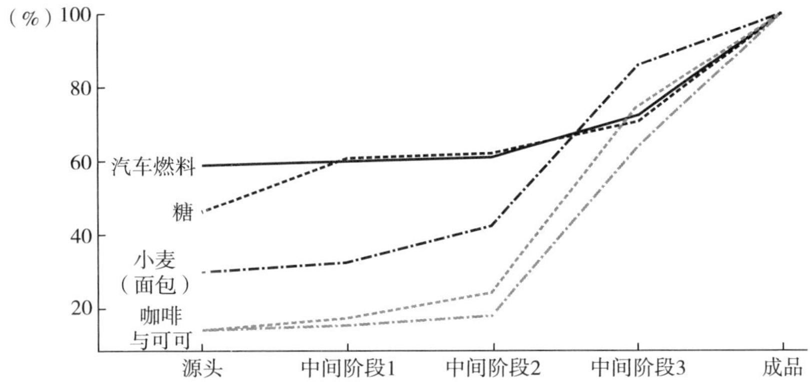

图5－1　对咖啡与其他商品的价值链的基本比较分析

来源：玛氏公司催化剂智库的分析

从图5－1中可以看出（这里并不包括任何关于最优价值分配方式的建议，因为目前还没有足够的数据来做出这样的规划），就咖啡和可可而言，价值链相关方在第二和第三中间阶段之间有一个急剧的上升。在小麦的相同阶段，也发生了急剧上升，但产品始发者（农民）的收益占比是20%而不是7%。在糖的情况里，农民的占比是40%，而在燃料的情况里相应比例是55%。因此，曲线图在后几个类别的情况里显示出一个更为平坦的轨迹，中间阶段在共享收益中的所占份额相对较小。陡直的曲线指出一个可能产生冲突的领域，这个领域随后可以被更深入地研究，以评估共享价值的真实水平，以及为了价值链中更多利益相关方的互利关系，如何通过干预措施对此做出改变，从而使供应链变得更加稳定。

若干因素可能有助于解释图5－1中曲线的形状，比如一些商品受益于开采和提炼公司相对较大的市场影响力，而另一些商品是典型的农产品。然而，这种绘制价值分配图的相对简单的做法确实促使企业考虑这些问题，而不是仅仅寻找新方法以零和的方式更甚地压榨供应链合作伙伴——当合作伙伴的合理份额被剥夺时，这种压榨会导致相应的供应链不稳定。对于价值分配差异的部分解释是，购买者——至少与那些更为分散的生产者（特别是小户农民）相比——通常都是有良好组织的。在那些农民没有自发组织成合作社的地区，这种情况尤为现实。此外，农业产品的下游加工可能是一项相当复杂的工作，有许多变数是我们目前还无法评估的，而且在生产一个最终成品时考虑到其他投入的价值（比如服务和感知价值）是很重要的。最后，在零售价格占比方面，咖啡并不是农产品价值中的异常值，即并不是只有咖啡的商品价值在转化阶段会出现急剧的上涨。

同时，我们对共享金融资本咖啡试点的全球价值链分析也暴露出一些问题，在我们继续这项工作的过程中，我们也需要通过另外的商业试点和研究来解决这些问题。比如，在咖啡试点的时候，关于不同企业在价值链上的利润或利润率方面，我们没有获得有效信息——要想发现这些信息，需要的是投入成本方面的数据，而这点更加难以确保和验证。我们最终可能会实现这一点，但是目前我们没有将有限的研究和试验时间投入到这一块。农民也倾向于对他们的劳动报酬，而不是对价值分享类型的命题更感兴趣，这可能会以某些方式影响他们的行为，至于这些方式我们目前还不能完全领悟。在咖啡试点之后，我们也面临一个尚未解答的问题，一个阶段的价值是否以损伤另一个阶段的价值为代价来实现，即博弈论中的“分蛋糕”原理——假定其他人平分剩下的蛋糕，那么从整体上拿走一块较大的蛋糕，这会以零和的方式减少其他人的蛋糕的量。因此，仍有许多问题有待解决，但这需要时间。

然而，我们在共享金融资本方面了解到的结果是，使用相对简单的方法可以让任何企业所有者快速确定在整个价值链中广泛分配收益的方式，找出可能导致该体系在长期内不可持续或可持续性较差的热点，鉴于这种不平衡无法为利益相关方带来足够好的生活质量，它可能会威胁到整个供应链，而整个供应链仅与其最薄弱的环节一样强健。同时，我们也了解到，实际上所有用于分析的数据都已经被业务单元掌握，但就我们所知——至少在我们效力的大型多样化跨国公司中——这些数据在最初的试点之前还没有接受过最基本的解析。因此，我们有一个“快速取胜”的机会，从中所学将有助于我们制定更好的商业决策。

有了这些信息的武装，管理者可以决定他们是否要有意让分配曲线变得更加平缓，以此使其更加稳定，这只是一个例子。这些指标不仅有助于管理者实现这样一个目标，还可以让他们在有大量供应商可选择的情况下，从一开始就能转向一个价值分配更加可持续的供应链，就比如玛氏公司的状况，我们的咖啡生意就相当适度。相比之下，我们的可可生意极其庞大，仅仅转向其他的供应源并不是一个行之有效的选择，所以我们需要考虑别的策略。事实上，我们准备在可可农中开展一个新试点，目标是让农民成为微型企业家，从而以我们所希望的持久的方式提高他们的生活质量。

这里需要注意的是，即使是在分配曲线陡直而不平等的情况下，也不是说这个体系在短期内是不可持续的。但是，就像所有其他的资本领域（人力资本、社会资本、自然资本）一样，如果因为特定群体或部门，这个平衡被过度倾斜，那么最终反作用会出现，重新平衡该体系。当然，在某些情况下，比如在采用低成本甚至零成本的互联网分配方式的情况下，改变其价值分配的必要性可能就不如在以商品为基础的业务中那么适用，所以总会有例外。

就可可和咖啡而言，分配曲线陡直的一个不良后果是，由于生活质量过低，现在很多农民选择完全放弃种植或者转向其他的作物。这对某些供应链造成了压力，刺激企业不仅要（迅速）找到让农民继续生产这些必需商品的途径，而且要吸引新的农民来满足日益增长的需求。因此，提高农民的生活质量对于像我们这样以商品为基础的企业已经势在必行，而且利用新的资本形式可能有助于推动这一目标，毕竟在确保商品供应链方面，多年的国际援助投资（主要是在热带国家的固定基础设施上）至少目前为止还没有为这个领域带来改变。

总结对共享金融资本的主要发现

1. 可衡量性

金融资本在既定价值链的利益相关方之间如何分配（共享），是可以通过共享价值指数进行衡量的，该指数与基尼系数大体上具有可比性。

2. 关联性

通过评估利益相关方之间的价值共享，确认在供应链中引起冲突或不稳定的热点，管理者可以：

- 针对哪条价值链最优或次优做出战略决策；
- 针对怎样的干预措施可以提高价值分配中的公正性做出战术决策，以此帮助稳固脆弱的价值链；
- 让下级管理者负责实现更平缓的价值分配曲线；
- 随时间发展跨越价值链做比较。

此外，金融资本分配的价值链图示可以为评估提供一个有用的框架。通过更好地了解这些分配曲线，企业可以考虑一些问题，比如每一步的收入是否应该有一个最小值，最佳的收入应该是多少，以及每个利益相关方的收入之间是否应该有一个最大标准差，所有的问题都是为了探索一个更稳固、更可持续的价值链。

下一步的需求

关于共享金融资本的概念，以及这种资本形式与我们所涉及的其他资本形式的相关性，我们还有很多工作需要做，必须完成对资本密度和归属价值之间关系的进一步分析。开展额外的案例研究是有益的，这可以使价值链管理不善及其对价值分配造成的影响更加透明化。同样，为了进一步理解和支持（或否定）这些早期研究结果中已经使用到的定量数据，定性数据收集工作也是有帮助的。

第六章

马乌阿

——社会资本与人力资本：案例研究

在阐述了理论、方法以及玛氏公司的一些特定的驱动因素后，下一步便是展示该流程如何真正地在实地试验中发挥作用。我们的新商业模式项目是否能在实践中兑现它在理论方面的承诺？基于我们有限但迅速增长的经验，答案是肯定的——并且超出了我们的预期，我们将在本章中阐明。

2013 年，我们在肯尼亚的贫困群体中开展了一项探索性的微型创业、微型分销的商业试点项目，叫作马乌阿（Maua），其目的是在真实且极其艰苦的商业环境下测试我们的模式中的假设。从实际角度来说，马乌阿的商业目标仅仅是在肯尼亚特定的城市贫民窟和农村地区开发新的营利性质的“最后一英里”① 深度分销路线，那里是我们的口香糖业务无法通过传统分销路线抵达的市场，即肯尼亚的首都内罗毕和乡镇涅里。

就研究方面而言，该项目的目的是验证或驳倒我们初步分析假设中的观点，评估其是否有可能衡量、利用和发展贫困群体[1] 中存在的非金融资源。我们尤其关注贫民窟居民的社会资本与人际关系网、人力资本与知识结构，以及早已存在的经济关系。我们希望将这些资源和稀缺的金融资源联系起来，建立一个业务，目的是解决企业面临的“最后一英里”的战略挑战，以及一项社会挑战——创造优质工作机会，并在贫困群体中创造可衡量的社会资本、人力资本和金融资本。

就战略方面而言，通过基于新业绩指标的开创性商业模式试验和源于我们的方法的非常规管理实践，马乌阿意图测试其是否有可能开发创业潜力，并在所谓的金字塔底部或底层市场有规模地成功运作。第二个目标是打入（对本行业和其他行业来说）迄今从未触及的人群

---

① 1 英里约为 1.61 千米。——编者注

中，这部分人群占全球数十亿人口的很大一部分，正在欠发达和发展中国家中迅速扩张。这是一个比大多数跨国公司所擅长并深知如何运作的成熟市场更为错综复杂的人群。

在金字塔底层成功运营对大多数跨国公司来说是一项严峻的挑战，在那里极少有公司最终成功地扩大规模并收到令人满意的回报，这为我们留出一片相对来说未被开发的领域。如果我们的模式对这一群体的代表性样本奏效，比如在内罗毕的贫民窟，那么它在未来几年确实会有巨大的扩张潜力，包括明显的业务增长潜力，以及通过富有回报的工作和可拓展的商业模式帮助全球很大一部分人口脱贫的深远与持久的社会效益。

因此，该项目从一开始就旨在以一种协同方式为所有相关方创造经济机遇和社会效益，着重于解决贫困问题和抵达金字塔底层市场。涵盖多种资本形式（社会资本、人力资本、共享金融资本）和所有利益相关方来衡量经营业绩是关键。调整企业战略来共同发展这些新的资本形式，利用它们与经济业绩的相关性使试验性业务得以自我维持和具有扩展性，这不同于被企业视为成本而非机遇的典型社交商务。在这种情况下，马乌阿方法应被列入著名管理思想家和作家普拉哈拉德教授（C. K. Prahalad）的观点框架内，他相信公司可以“行善而诸事顺”。普拉哈拉德认为，跨国公司与贫困者的接触可以产生利润和积极的发展成果。

顺便说一下，马乌阿在斯瓦希里语中代表花朵盛开，之所以选择这一词语是因为在内罗毕贫民窟中被分配给每个马乌阿微型企业家的地理区域，（在地图上）的确很类似“盛开的花朵”。事实上，就我们现在要描述的许多积极影响方面而言，该举措很快就像花朵一样盛开，这有利于周围群体对项目名称产生更为强烈的共鸣，而这一点有助于在当地进行品牌宣传，也有助于我们使用这个名称的变体将类似马乌阿的商业活动推广到菲律宾（布鲁姆①项目）、中国农村，很快还有印度。当我们启动第一个试点业务时，我们不知道的是，当一个更为互惠的方法（强调他人的利益或“手段”）而非传统的利润最大化（“目的”）被置于模式的最重要位置时，这会在所有相关方中产生显著的互惠效果。

马乌阿的背景

玛氏公司的口香糖分部箭牌是东非马乌阿项目的企业赞助商和主办方。箭牌在肯尼亚拥有一家口香糖工厂，并在该国占有75%的市场份额，但是在马乌阿之前，它并没有在指定给马乌阿团队的贫民窟或农村地区经营。它在该国的主要竞争对手的口香糖价格要低于箭牌在当地品牌的价格，但箭牌的口香糖产品在马乌阿的运作区域拥有强大且积极的品牌知名度。箭牌在肯尼亚的传统贸易主要集中在大型零售店，比如超市、小型店铺、加油站和药店，所有这些都是通过一个总经销商运作的。

相比之下，马乌阿关注的是一个更为直接的微型销售渠道，被招募进该项目的微型企业家用自行车搬运货物，比如从库存点搬运到小型销售商（包括通常能在低收入地区发现的售货亭、街边摊贩、小商店和一些直销）。马乌阿是把人和可见的微小金融资本或者说谋生手段联系起来，他们有较为丰厚的人力和社会资本，马乌阿则为这些人

① 布鲁姆：英文是Bloom，其含义为盛开，与马乌阿在斯瓦希里语中的含义相呼应。——译者注

成为微型企业家提供所需的相对不算太多的资金，因此马乌阿会改善他们的收入、福祉与群体状况，并帮助开发他们的潜力。可以说，马乌阿旨在向利益相关方提供人力资本、社会资本和金融资本，其假设的前提是，通关注他人的需求，公司将因成功打入新的人群而获益。但是，我们希望以一种新方法来实现这一点，因为我们相信传统的分销方式在金字塔底层无法运转。

混合价值体系

我们没有依赖玛氏公司在肯尼亚当地的主要经销商——这种财务激励的方式能力有限，不足以将口香糖分销到贫民窟或人口较少的农村地区——而是选择开展一项名为“混合价值体系”的新管理实践，这是一项部分源于爱创家在 2010 年提出的混合价值链概念的管理实践。[2]混合价值链方法的基础是与一系列（对企业来说）非传统的公民部门组织发展伙伴关系，通过这类公民部门组织在贫困群体中营造的“信任”，使诸如招募与培训等活动成为可能，通过这些活动来提供社会资本和人力资本，而这是通常的跨国公司力不能及的。

以我们的目的来下定义的话，混合价值体系是一个有赖于连接多个利益相关方核心资产的生态系统。箭牌所能贡献的核心商业资产包括品牌知名度、运营能力、基础设施、后勤管理和声誉。新商业模式的核心知识资产涵盖了不同资本形式的创新指标、资本间预期的相关性、最佳实践的知识储备，以及在当地大学收集数据的途径等。在该国运营的公民部门组织合作伙伴的核心社会资产包括了他们对非正式社交网络的了解和获取途径、调动社交网络能力、提供技术和培训支持的能力，以及提供小额信贷与诸如手机银行等高效电子支付方式的能力。核心微型分销网络包含一个中央库存点（“存货商”），两种马乌阿项目团队会从那里收集货物，一种是微型分销商（我们称之为“起升者”），另一种是将产品交付给小型零售店以及直接向顾客兜售的自给式商贩（所谓的“街头小贩”），见图6－1和图6－2。

- **库存点**。从分销商处接收库存，并供应给马乌阿起升者。
- **起升者**。从库存点接收库存，并挨家挨户销售给零售商。
- **街头小贩**。从库存点接收库存，并销售给终端消费者。

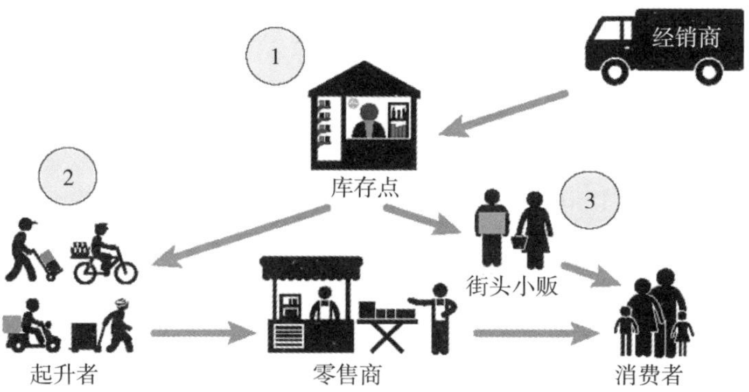

图6－1　马乌阿基本分销路线

来源：玛氏公司催化剂智库的分析

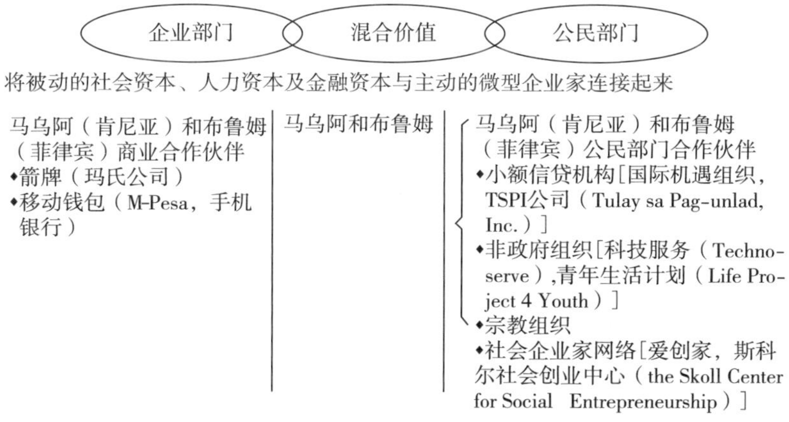

图6－2　混合价值体系法

来源：玛氏公司催化剂智库的分析

通过有效且高效的混合价值体系方法，我们可以填补由来已久的空白（这是痛点问题），以此在利益相关方群体内形成一种信任，这种信任可以带来社会资本、人力资本及共享金融资本方面的效益，从而驱动经营业绩提升。然而，这种违反直觉的方法需要我们跳出传统商业范式来进行思考，通过与非常规实体合作来展示新力量，对于这些非常规实体，企业管理者之前根本没有给予关注、重视，甚至不了解如何与之接触，更不用说将其列入互惠互利的企业机构范畴。

企业管理者需要花时间来克服这种非常规方式所带来的众多挑战。例如，非政府组织和小额信贷机构不受利润驱使，但它们往往比商人拥有更利他的目标，并且它们必须通过可以实现这些目标的方式来获取报酬，而不是仅仅通过提供服务获得现金支付，当然后面这种方式是传统商业实践的重要组成部分。这一类公民部门组织合作方——如果适当地加以激励或吸引——至少在初始阶段，可以以企业通常无法独立完成的方式将企业与贫困群体联系起来。因此，这种新型合作关系模式消除了进入这一领域的主要潜在障碍。

业绩评估

对于马乌阿以及基于我们提出的新模式的其他举措而言，一个重要的竞争优势就是我们的团队和当地学术合作伙伴所开发和校准的一套严谨而稳健的衡量方法。我们利用了业绩评估方式和本书中阐述的不同资本形式，以及通过对项目参与者进行定期调查所收集的数据，还有最初由当地一个学生团队运作的高质量的定性采访（计划通过移动技术收集数据）。我们的重点是衡量共享金融的影响、社会资本，以及工作福祉——包括人力资本方面，特别是通过知识交流和培训的方式，以此作为该项目的关键业绩指标（KPI）。

通过对马乌阿项目历时三年多（仍在持续中）的推进，我们发现运营的显著成功最终是建立在参与进来的当地群体的特殊优势之上的。因此，我们决定避开销售和营收目标，转而为利益相关方（我们在分销业务中建立的价值链合作伙伴）提供人力资本和社会资本目标。我们认为，从零开始建立这样一项业务，打入这样一个贫困但活跃的人群的最佳并且或许唯一有效的方法是，招募（对企业来说）非传统的合作伙伴，这一（对企业来说）违反直觉的目标会更为适用，而且将创造更好的业绩。这个假设已被证实是正确的。

启动马乌阿

我们之所以决定尝试混合价值体系方法，在很大程度上是因为这些贫困群体内的社会体系基本上是非正式的，为此标准化的招募流程必须得到修正。我们与主要处于志愿领域的一系列合作伙伴开展紧密合作，凭借他们的专业技能和知识来识别可以发展可持续性互惠关系的最佳人选。

更具体地说，我们最初是与挑选出的混合价值体系的合作伙伴开展工作，通过定制的引导程序来培训和武装微型企业家们。这种培训包括对该项目的实质进行介绍，以及在目标制定、业务规划、销售与市场营销、账簿记录方面提供建议和指导。正如玛氏公司催化剂智库与牛津大学赛德商学院在2015年的一个教学案例研究中充分阐述的，在这方面，马乌阿一个非常重要的伙伴关系是与非政府组织“科技服务”[3]的合作，它在肯尼亚关注于帮助妇女，特别是帮助失业的单身母亲摆脱贫困。

我们接触科技服务的部分原因是因为它在雇用和培训肯尼亚女性成为可口可乐产品的微型分销商方面有着丰富经验。科技服务在提供农业干预培训方面也拥有相关经验。通过与肯尼亚箭牌公司的同事合作，科技服务最初为马乌阿项目培训了100多名女性微型企业家，其中项目人员流失率较低（约20%）。这些有才能的合作伙伴在当地部署实地考察人员，协助监督和跟踪他们培训过的人的进展，并与箭牌和玛氏大学（玛氏公司的内部教育机构）一起完善了马乌阿培训制度，随后玛氏大学将其打造成马乌阿研究院，以帮助企业管理者了解如何运行马乌阿模式。

通过与科技服务和其他非政府组织以及一些社会资本相对丰富（受群体信任）的当地宗教组织合作，马乌阿迅速扩大。在这个历程中，我们汲取了大量与各类公民部门组织合作的经验，其中一些效果很好，一些则不那么好。随着马乌阿规模的持续扩大，我们将继续吸取并检验关于如何最有效地运作非传统合作关系的新经验。

马乌阿项目的另一个基本方面是与微型企业家每月一次接触的惯例（双向交流），这在一定程度上是为了提供支持，也是为了回应马乌阿团队的发现，毕竟他们探索的领域对所有参与者来说都是全新的。我们已经证明这类常规化的经验分享（我们称之为“共享会话”），对于了解哪些有效与哪些无效、调整方法、检验新想法、学习更多经验以及再次尝试来说，是一个非常重要的持续性进程。项目参与者通常能够很好地出席马乌阿共享会话，共享会话被用于培训、指导、表彰和激励、分享最佳实践活动，以及为倾听嘉宾演讲并受到启迪提供机会。

实际上，共享会话有很多有益的方面。比如，在这样的会议上，马乌阿参与者可以了解到如何获取小额信贷，如何接触到那些可以出售或出租价格合理的带筐自行车的人，这些自行车可以使马乌阿参与者更加高效地搬运他们的货物。他们可以在设立储蓄小组、了解可用的健康保险项目等方面获得帮助或建议。一个关键的益处就是共享会话促进了马乌阿参与者之间有意义的情谊，产生了更多的社会资本和人力资本，相应地推动了更加明显的团队合作，注入了更多的能量和活力，这有助于解释非金融资本形式与业绩之间的相互影响。

马乌阿的迅速发展

被称为起升者的马乌阿企业家本质上是将箭牌口香糖（黄箭、绿箭、PK、大G）从库存点（存货商）转移到售货亭或其他小型贩售商，他们通常靠的是日常信用额。起升者获得的竞争优势要略高于竞争品牌所提供的优势，部分原因可能是相对于传统分销，马乌阿项目的杂项开支通常较低。起升者一般以现金（或者自己获得的信贷）支付口香糖费用，在当日晚些时候拜访他们的卖家网络，一旦卖家赚到足够的钱，起升者就可以收回他们先前被欠下的款项。销售情况由马乌阿实地考察人员进行跟踪，他们随后会根据之前的承诺为这些企业家提供奖金。随着马乌阿的成熟和企业家收入的增加，移动钱包手机银行业务被引入该项目中，以便对繁忙的企业家的奖金支付更为高效。

该项目发展的一个重要部分值得被强调，那就是通过与当地小额信贷机构合作，为马乌阿企业家提供获取金融资本的途径。缺乏金融资本来购买用以运输马乌阿产品的自行车甚至背包是一个主要的商业生态系统痛点，这一问题必须得到解决，以便快速推动项目参与者的工作，这些参与者在加入项目时通常只有极少的金融资源。随着企业家繁荣发展，一些人已经有能力升级到用摩托车来提高自己的活动范围和工作效率，一些人开始招募和配备他们自己的微型企业家，这是项目规模扩大的良性标志。而一些顶级的马乌阿参与者已经开始过渡到管理角色，甚至成为能够分销更大数量马乌阿产品的小型企业主。

该项目的另一个非常重要的做法是，马乌阿企业家被给予可以销售其他产品甚至竞争对手产品的自由，玛氏公司并不强制他们以只能用其车筐出售马乌阿产品作为参与该项目的条件。因此，企业家真正得到解放，可以发挥出企业家的作用。所以，我们常常看到马乌阿企业家的车筐里放了很多非马乌阿产品，比如麦片、肥皂、安全饮用水，以及像巧克力这样所谓的“被渴望”或非必需的产品。这种创业自由是马乌阿项目相对于其他在深度分销上寻求施加更多控制的社会类型业务，人员流失较少的关键原因之一。

对设计和结果的反思

总的来说，向马乌阿参与者提供一整套支持，旨在帮助他们以自己希望的方式来运营（也就是解放他们），同时，跨国公司比任何其他缺乏实际相关经验和可利用基础设施的组织类型都能更容易地提供实际的支持。这种方法给了微型企业家更高的利润和更大的自由；运用来自非营利领域的非传统合作伙伴获取接触群体的途径，协助招募与促进培训，摒弃销售与盈利目标而偏向人力资本和社会资本目标，这是马乌阿被证实是一种新颖独特的商业运营方式的众多原因之一。

建立马乌阿混合价值体系后，我们需要问的两个显而易见的问题是，它在创造价值方面的能力如何，它如何在利益相关方间分配价值？这种价值不仅包括在金融方面的价值，而且包括在鲜为人知的人力资本和社会资本领域的价值。如表6－1所示，答案是马乌阿项目已经在多种资本形式间创造了极高水平的可衡量的价值。

表6－1　马乌阿的盈利与亏损

年份	金融业绩		非金融业绩			
	零售额（百万美元）	营业利润	工作数量	人力资本	社会资本	共享金融资本
第一年（实际）	2.9	19%	350	63%	/	/
第二年（实际）	4.2	27%	446	76%	+15%	+20%
第三年（计划）	5.3	/	700	80%	+20%	+47%

自2013年9月项目启动，首次共7位微型企业家在一个贫民窟（丹多勒）开展运营以来，马乌阿已经在不同地区发展起来，销售总额超过700万美元，增长达到两位数，赢利能力出色。如今马乌阿成了当地箭牌企业的一个重要组成部分，并且被当作一个拥有自己的组织的业务单元进行管理。

事实上，马乌阿的业绩表现如此瞩目，企业赞助方的领导者对新模式表示高度赞赏。他建议我们团队，无论这项业务是否旨在成为一个社会性业务，我们都要部署这一模式，因为它本身就具有良好的商业意义。这就是我们的模式与企业社会责任或企业慈善领域的常见模式的真正区别，后两者都可以被描述为“以行善作为代价”。相比之下，我们的模式是“做好事，做得好，做大规模”——企业有切实的商业动机去实施它，而不是仅仅希望“看起来不错”（企业社会责任）或者（像企业基金会那样）“感觉良好”。

但是，收入和留存收益的数字在某种程度上是对成功更为常规的衡量方式。对于马乌阿工作，同样重要的是对人力资本和社会资本随着时间发展增值的进程进行衡量。在衡量对员工的益处时，我们想要的方式不仅是合理地分配金融资本，还包括改善教育、培训和个人满意度。关于利用和发展社会资本，我们衡量了在创造就业与培养微型企业家方面，我们为更广泛的群体带来的益处。另外，我们衡量了任何填补制度空白的方式，比如创建使业务经营更容易且能增加商业交易中的信任的体系。这些领域的成果同样令人振奋。

在马乌阿项目推出的 18 个月内，企业家团队从开始的 7 位增长至第二年的 450 多位，并将在第三年结束时达到 700 多位（目标计划）。在非金融资本形式上，马乌阿在可衡量价值方面达到了出色的水平，人力资本提升至 80%，社会资本提升至 20%，共享金融资本（代表微型企业家的财务增长情况）提升至 47%，如表 6 - 1 所示。

这些新兴的微型企业家来自一个广泛的人群范围——年轻一代、父母和祖父母，其性别比例保持约 1∶1 的良好平衡。我们还发现，当涉及社会资本时，仅这一项指标的三个方面（与先前测试各区域指标的调查结果相一致）就占所产生的社会资本的 75%：社会凝聚力（在团队环境中合作的意愿）、信任（彼此依赖的信念）、集体行动（为共有目标而合作）。

不同的资本类型间也存在相关性（正如早期试验中的情况）。我们发现，社会资本和人力资本的改善与金融资本呈正相关关系，换句话说，群体内的信任度越高，对微型企业家的培训越好，运营方面就能挣得和分享到更多资金。包括企业在内的所有相关方都获得了利益，而企业最初在试点阶段的目标仅仅是以盈亏平衡作为一种途径，探索如何通过新的商业模式为利益相关方带来更多的互惠互利。

我们还可以评估一个现象，即涅里的农村运营的社会资本水平要高于内罗毕的城市运营。这可能与人们对农村和城市环境的可信赖度有关。比如，农村群体比城市居民更信任自己的同胞，因为前者在彼此附近生活的时间更长，他们彼此熟知；但是后者在彼此附近生活的时间较短，他们彼此不那么熟悉。低收入农村群体往往更具有协作性，因为是否共同工作可能决定他们有没有饭吃。

设计一个新的混合价值体系，特别关注其他资本类型（此处指社会资本和人力资本）的发展和彼此关系，其结果是我们得出了一个清晰的结论：

> 当互惠驱动经营业绩（而不是狭隘的利润最大化）时，我们可以在个人和群体福祉方面创造更大的价值以及财务收益，这对赞助企业的留存收益和微型企业家的利润增长来说都是如此。

把马乌阿带到菲律宾

在马乌阿启动大约一年后，我们的团队在菲律宾推出了“马乌阿 2.0”项目（即布鲁姆），项目开始于马尼拉的城市贫民窟，涉及两个而不仅是一个业务部门。在布鲁姆运营地区的生活条件，就像肯尼亚马乌阿的情况一样，给企业特别是跨国公司的经营以及让人们过上富足和充实的生活，都带来了巨大的挑战。居民常常依靠对成堆的垃圾进行分类和材料回收来勉强度日，卫生条件不成熟，获得干净饮用水的渠道有限，失业率非常高，尤其年轻人的失业率特别高。

当地团队将菲律宾商业试点命名为布鲁姆，它与马乌阿花朵盛开的主旨保持一致，其运作方式也与马乌阿所采用的混合价值体系相同（见图 6－3）。

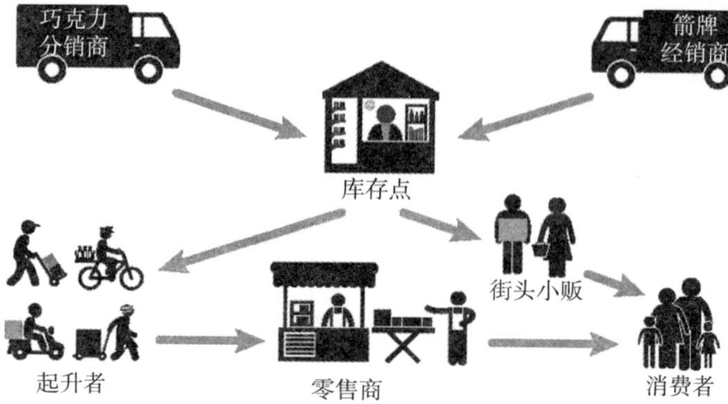

图 6 -3　布鲁姆项目基本原理图

来源：玛氏公司催化剂智库的分析

令人鼓舞的是，我们在马尼拉见到了与内罗毕和涅里那里同等的热情和努力。在推出布鲁姆项目短短几个月内，我们建立了一个由 70 多位企业家组成的切实可行的网络，这些企业家迅速建立起自己的消费者网络。成果同样令人鼓舞：布鲁姆在运营的第一年销售了数十万个单位，并为菲律宾的两个联合赞助的企业部门（箭牌和巧克力）贡献了很多利润。

事实上，迄今为止布鲁姆在应对多种资本的关键业绩指标方面与马乌阿的动作轨迹类似，尽管在试点中口香糖和糖果产品中被加入了巧克力产品，这意味着附加了一些复杂性。作为一个范例，我们需要在布鲁姆项目中实施一条额外的分销路线，以便把货物交付到初始库存点。

马乌阿和布鲁姆的成果使我们越来越有信心，上述关于该模式的“清晰结论”会迅速成为一个可证的事实。这一事实有助于引导企业去了解如何在一定规模上做好事，并做得好。在撰写本书时，企业的商业试点迅速增长，这象征了马乌阿和布鲁姆项目至今的成果令人信服。我们的团队不久将在科特迪瓦可可农和乌干达咖啡农中启动新的供应方试点，并在中国和印度的农村地区启动需求方试点，这应该会为双方增加大量新的经验。尽管在马乌阿和布鲁姆的道路上有一些在任何试验性创业活动中都会遇到的正常的颠簸，但是我们越来越坚信该模式有效。它在可衡量的个人福祉、群体信任和社会凝聚力方面创造了更多的价值，为企业家带来了更高的利润率，也为企业带来了更多的利润，所有这些都比那些传统的业务用到的投资和管理花销更少。

所有的利益相关方都会从这种新方法中获益。非传统伙伴关系的利益相关方，比如非政府组织和小额信贷机构，可以通过参与项目实现他们的社会目标，同时他们并没有被赞助企业要求适应“付现与自运”类型的合作关系，而这种关系通常是此类商业合作的特点。我们相信，马乌阿、布鲁姆以及即将上线的试点项目可以共同证明，这种本质上基于互惠的商业模式胜过了那种将利润最大化的商业模式，不仅在创造社会效益方面是这样，而且在实现更好的收入和留存收益方面也是如此。这对商业来说是切实可行的，毕竟这不是一项慈善事业。

远大理想

在我们首次启动马乌阿的时候，我们在玛氏公司内部的主要赞助商之一表达了他的个人愿望，即通过扩展和复制，让马乌阿方法在非洲创造100万个就业机会。我们被这个雄心勃勃的愿景深深打动，因为它来自一个经验丰富的企业同行，而当时我们还没有从刚刚开始的项目中获益。虽然要达到那个创造就业的数字，我们还有很长的路要走，但是我们感到最艰难的部分——开发、改善、测试和证明该方法可以运作，并且如我们所阐述的那样，使它在金融方面和整体上比旧的利润最大化的默认设定更加有利——如今已经结束。当然，扩展和复制将需要相当大的努力，但是这些努力可能更多的是一种“改造性”的创新（对现有的情况进行逐步改进和发展），而不是我们认为的马乌阿和布鲁姆所代表的更具风险性和更具挑战性的“颠覆性”创新（创造一个新的市场和价值网络）。我们相信这100万的就业数字将来有一天会成为现实。

改变游戏规则的潜力

与侧重利润最大化和企业社会责任的其他战略相比，该项目潜在的改变游戏规则的本质变得更为明晰。一些跨国公司也试图采用所谓的“社会化企业”战略，但大多数都在艰难地赚取一个适宜的利润水平（或者其实在赚取任何可能的利润）。换句话说，这些替代品大部分是一次性的企业社会责任类型的报道，而不是真正具有改变商业运作方式之潜力的可复制、可扩展的模式。这种企业社会责任类型的项目利用多种指标，仅是为了以有利于自己企业声誉的方式来衡量自己所寻求的影响。由于企业在年度报告中披露的真正全球化的标准很少（如果有的话），它们可以挑选那些能为自己的股东和客户提供最佳报道的指标，我们发现极少有企业社会责任项目可以创造可衡量的强化的经营业绩。

相比之下，我们的新商业模式使用在此之前缺失的非金融指标，不仅将其用于衡量影响，而且将其用于驱动更好的经营业绩；在整体上是这样，在金融方面也是如此，所有这些都是以可衡量的、可追踪的方式进行的。这是因为我们发现，多种形式的资本确实是彼此关联的。通过采用混合价值体系的方法来构建基于我们的新商业模式的完整的商业，我们和同事真正取得了新突破。我们现在确信，该模式证明了它已经成为一个稳健的理论和实践框架。

我们断言，一旦这种新模式完全扩大规模，“好消息”传播开来，它实际上就有彻底改革商业的潜力。它有能力使资本主义更加接近完整，并且可以通过这样做来治愈一个在很多层面上支离破碎的世界。

第七章

咖　啡

——自然资本：案例研究

正如我们在第四章中讨论的，对于我们的新商业模式试验，当我们使用自然资本（即我们在生产和分配过程中使用的各种自然资源）时，我们的重点是在投入上，而不是在产出上。为什么？因为我们主张，注重我们可以直接影响的变量，使我们能够通过提高资源利用效率来快速实现可衡量的改进，这具有充分利用地球资源同时实现底线收入的双重益处。在对从哥伦比亚农场交付一杯咖啡到英国消费者手上的所需投入的试点研究中，我们可以找到系统地确认边际增益的示例。

根据我们的伍珀塔尔研究所合作伙伴之前的研究，我们了解到，生产和分销的不同阶段对所使用的资源类型有着极其多变的要求。比如，很明显的是表土侵蚀和生物投入主要用于耕种层面，而非生物、水和空气投入用于跨越生命周期的几个阶段——但是根据使用点而有所侧重。有了这些广泛的知识，我们就可以完善我们的研究，在四个主要类别（供应、分销、制造、需求）中更详细地观测与衡量每个阶段所需的投入。

在供应方面，我们考察了四个领域：哥伦比亚小型咖啡农的农业投入、哥伦比亚初级加工所需的投入、英国的二级加工投入、英国的包装制造所需的投入。在分销方面，主要有两点需要考虑：一是从原产地到英国的运输，其中涉及哥伦比亚的中小型卡车和海运；二是英国的主要和次要物流枢纽，其中涉及卡车和货车。在咖啡业务（分装杯）的制造方面，有三个可以衡量与调整投入的领域：英国的营业站点、哥伦比亚咖啡袋的包装、用于回收和再利用的单杯酿造咖啡机的组装和拆卸。第四个且最后一个类别是需求方面，我们确定了两个调查领域：客户饮用咖啡时用到的资源，以及我们所谓的报废问题，包括对咖啡、包装、杯子、搅拌棒等的处理。

如此一来，我们便能确定指标，不仅包括那些突出在产品生命周期特定阶段使用的资源百分比的指标，而且包括那些突出物理量的指标。比如，表土侵蚀发生在耕种阶段，这一点变得很明晰（见表7－1）。

表7－1　一杯咖啡的旅程（对单包哥伦比亚咖啡的投入分析）

指标	影响	指标百分比	阶段
非生物材料	146克	75%	包装、分销、饮用
生物材料	41克	96%	耕种
水	3.4升	85%	包装、加工、饮用
空气	69克	68%	耕种、使用
表土侵蚀	12克	100%	耕种

这种分析方法给我们带来了新的信息，比如我们发现一杯咖啡在其生命周期中需要3.4升水，其中85%的水用于包装、加工和饮用阶段。换句话说，只有15%的水用于耕种阶段。因此，将精力集中在减少耕种阶段的用水，在总体上的影响是最小的，我们应该关注咖啡生命周期中的其他阶段。并非对每项业务指标的改变都是可行的，因为它们通常在其运行的生态系统中的不同部分发挥作用，但是该方法使得我们有可能通过以多种积极的下游效应提高资源利用率的方式来确认和处理那些可行的部分。

这使得我们产生了在处理我们所谓的热点（在产品生命周期的各个阶段出现的环境问题）的过程中衡量有效性的想法（见图7－1）。如果对其进行系统的处理，将重点放在业务中的这些领域，这将使我们能够更好地使用投入。我们发现，我们可以获得最大收益的三大领域是农业、包装和使用（饮用）。

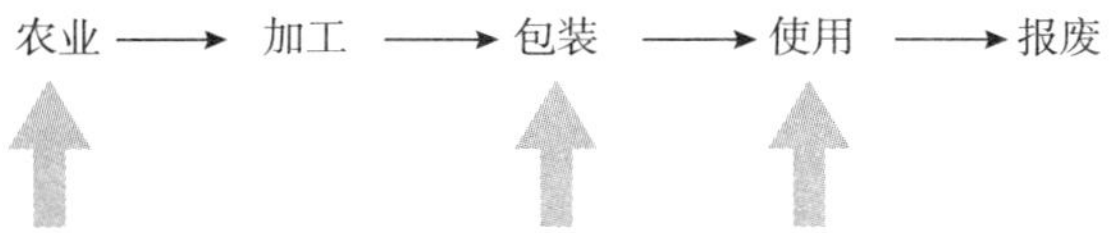

图 7-1　热点分析

来源：玛氏公司催化剂智库的分析

自然资本的下一步计划

这种案例研究方法的重要性在于，它为试点项目的扩大提供了一种可扩展的方式。事实上，我们现在正在扩大自然资本试点的数量，以测试它在其他商品如可可中的稳定性。我们也计划扩大后续试点中学术合作伙伴的数量，以进一步完善该方法。在扩大的过程中，我们将寻求把投入指标与特定品牌绑定，以帮助建立一个（对于衡量和外部交流）更加稳健、连贯的模式。同时我们也着手与我们在牛津大学赛德商学院的合作伙伴一起开发一个自然资本核算系统，这将帮助我们把方法和研究成果从概念验证转移到全面的操作部署中。

进入运营状态前的最后一个发展阶段，将促使我们把投入的概念（以及五项指标——非生物材料、生物材料、水、空气和表土侵蚀）纳入企业更广泛的语言中，并使自然资本的使用成为企业和其他人的关注重点。我们在此概述的自然资本方法对其他行业来说是可转移的，因为自然资本的指标在本质上具有普遍性，不是专门针对赞助企业的。我们希望将自然资本核算融入未来围绕利用人力和社会资本所构成的商业试点中，目的是为提高经营业绩再增添一个非货币形式的驱动力，一个可以带来更多个人和群体福祉并且为企业带来可贵的资源效率的维度——自然。

第八章

为新的资本形式计酬

贪财是万恶之根。有人贪恋钱财，就被引诱离了正道，用许多愁苦把自己刺透了。

——大数的扫罗（Saul of Tarsus），
即使徒保罗，第一代基督徒的领导者之一

在前面的章节中，我们（首次）概述了一些现在有可能定义和衡量“新”的非金融资本类型的方式，即人力资本、社会资本和自然资本。我们还展示了，鉴于它们之间的关系，一个涵盖了所有这些资本形式的整体性方法是如何获得极高收益的。反过来，这就验证了本书开篇引用的睿智的所罗门王之古老法则的真理：

有施散的，却更增添。

尽管如此，仍有一个主要问题尚未得到解决：各种形式的资本如何获得报酬，这种报酬对恰当的利润水平有何影响？这是一个至关重要的问题，因为最明显和最直接的答案就是尝试使其货币化——被“金钱是商业唯一可以理解的语言”这种观点误导——比如将自然资本的收益转化为金融形式。正如已逝的英国剧作家奥斯卡·王尔德所写：“我们知道所有东西的价格，却不知道任何东西的价值。”多么真实。

货币化的诱惑

我们遇到的很多人都主观地认为所有东西都必须货币化，这在我们看来是错误的，然而一些人开始在更广泛的“多重底线”领域寻求答案。这种常见的货币化的错误假设落入了弗里德曼式的陷阱，认为商业主要被有益于股东的金融利润最大化驱动，或者以非常不相称的方式令利益相关方收益。尽管人们可以给诸多变量——比如“信任”、“向上流动的前景”、“集体行动能力”、“与直属管理者的关系”、“社会凝聚力”，或者“对信奉的价值观言行一致”——附加上大多很随意的折算金额，但是这样做又有什么好处呢？更重要的是，这些数字能有多准确？而且，难道非金融资本形式的货币化不会以牺牲对其他资本的正确估值为代价，高估新知识经济中金融资本的相对重要性，从而扭曲整个方法吗？

扩展对企业管理者有效的指标，以此涵盖非金融资本形式的主要意义是，为企业管理者提供工具来管理至今尚未被认可的（被浪费的）资产。我们认为，这反过来会逐渐扩展他们的理解，使他们超越自己目前对金融资本的狭隘视野，因为他们会开始领会到人力资本、社会资本和自然资本实际上具有可衡量的价值，它们彼此相关，并且可以被企业有意识地调动起来，以创造更大的整体业绩。最终，我们希望企业管理者中会出现一个临界点，在那里他们将开始突破目前存在功能障碍的弗里德曼范式，接触到一个认可人、群体和自然资源的真正价值以及它们与经济产出的关系的新构想。对无法准确货币化的东西进行货币化，仅仅因为这是如今常见的商业语言，然而金钱是一个危险的陷阱。

一种更完整的方法

与货币化方案形成鲜明对比的是，我们主张，就像自然界中的生物（植物、动物等）按其种类被创造和繁殖，进而构建出一个互相关联的生态系统一样，新的资本类型需要通过类似的资本形式被计酬——换句话说，人力资本为人力资本计酬，社会资本为社会资本计酬，自然资本为自然资本计酬。那种认为可以用资本形式（金钱）来给其他资本形式计酬的观点会导致混乱，我们认为，那会使金钱的作用掺假。那也是一种自欺欺人，错误假设了价值的破坏——比方说自然价值的破坏——可以被另一种价值（比如金钱）完全补偿或冲抵。

但是，在为计酬问题制订出具体解决方案之前，重要的是考虑我们关于计酬的想法背后的几项指导原则。

第一原则：公休日

“公休日”（Sabbatical）这一词的词源可以追溯到几千年前的希伯来语（Shabbat/שַׁבָּת）、希腊语（σαββατιkos）和拉丁语（sabbaticus），这也说明了它有持久的生命力和吸引力。在希伯来语中，安息日（Shabbat）一词来源于希伯来语动词 shavat，虽然它通常被翻译为“休息”，但它也表示主动并有意识地放弃工作的行为（即它不是被动的）。现代希伯来语中工人罢工一词（shevita，与动词 shavat 相关）涉及停工一词的主动性。安息日首先是一种个人和集体的决定。

安息日的形式适用于个人和群体——每周休息一天，这是一种旨在使人免于劳动过度的奴役状态的人造物。根据犹太人的传统，安息日是在以色列人从埃及（那里不存在休息的观念）长达 430 年的奴役中解放出来后被即刻确立的。它也是十诫中的第四条戒律，先于不可杀人、不可偷盗、不可作假证，是戒律中唯一提及的节日。我们认为，作为旨在使人免于不同奴隶制形式的人造物，这种主动休息的观念是关键，它表明了安息日（主动休息）的概念是如何为人类的自由奠定基础的。从概念上讲它可以作为一种对人的报酬形式被推行，允许劳动者根据其“自身种类”获得报酬——劳动六天，就休息一天。

另一种形式的安息日适用于自然：每七年中就有一年让土地休息，以免其被过度使用。在这个安息的年份（也被称为 shmita，字面意思是释放），土地应该休耕，所有的农业活动都被禁止。在休息的那一年的任何农业生产成果不是给土地所有者，而是给穷人、陌生人和田间野兽。这说明了安息日的概念如何可以作为对土地的报酬形式被实施，允许自然的劳动根据其“自身种类”获得报酬——工作六年，就休息一年。注意，在安息的这一年里，债务人和债权人之间的所有债务都应该被取消，所有的奴隶都应该被释放。

安息日的最终形式是禧年，它适用于所有权、财产、财产权和金钱，即在古希伯来法律中，在七个安息年份（安息年）的七个循环结束后的整整一年（即第50年）里，所有抵押的土地被归还给原来的所有者（或他们的继承人），债务被取消，奴隶可以被释放。这说明了安息日的概念如何可以被用于跨时代地处理所有权和财富积累问题——最终与所有权的报酬挂钩，以防止财富在少数人手中累积过久，并且每一代新人都有一个机会来开放经济，给所有人一个全新的开始，特别是那些需要第二次机会的人，或者那些没有足够机会开始的人。

尽管我们认为这些报酬的定义及其呈现顺序（人，然后是土地，最后是所有权）需要用更广泛的也许是象征性的方式而不是以精确的文字形式来理解，但是它们映射到了我们所讨论的四个新的资本领域：

- 休假的个人（人力资本）；
- 共同休息期间的群体（社会资本）；
- 对于自然，给予其休整和补充资源的时间（自然资本）；
- 分配利润（共享金融资本）。

从更字面的意义上来说，休假（无论是一天、一个月，还是一年）可以帮助人、群体和自然修复与恢复活力，并且更重要的是，让一切变得更具有持续的生产力，为全社会做出更大的贡献。我们认为，提供有意义的休息时间对企业来说非常有利，比起像蝗虫一样耗尽资源然后掉头离开，它终将更具成效。然而，在过去50年中，我们不太重视有意义的休息这一想法，而是更多地注重弗里德曼式的利润最大化。我们认为，这种行为损害了个人、群体和自然，它是适得其反的。人、群体和地球都需要一段时间来休整和补充自己，这是一个至关重要的原则，它促使我们思考如何更好地对人力资本、社会资本、自然资本和金融资本计酬，使之与可持续发展的目标相匹配。

第二原则：在类似的基础上计酬

我们主张，这些新的资本类型应该在类似的基础上获得报酬，因为对它们进行货币化是不充分的，是存在问题的，甚至是扭曲的。

拿人力资本举例，当我们在考虑对人力资本计酬时，惊人的一点是，很多驱动工作场所福祉的最重要因素在本质上不是财务方面的，而是与一些无形因素有关，比如向上流动的前景、社会认可，以及企业价值观与战略的一致性等。这些因素确实与个人或其雇主的财务业绩有关，但是这种关联是间接的。因此，为了对人力资本计酬，必须开发可以增强这些因素的商业实践、项目、流程和组织文化——除了提供传统的个人工作福祉来源，如薪水、工作时间、无风险环境等。当然，这包括与工作技能相关的培训项目和发展计划，为员工进入新领域提供机会与政策，给予他们思考和创新的时间，使他们接触到新想法和新思想，等等。

同样，如果要对社会资本计酬，重要的是记住，有三个可以驱动社会资本的一般性因素——信任、社会凝聚力和集体行动能力。因此，为群体内的社会资本计酬要求我们开发新的商业实践，包括建立可以使人们进一步并更有意义地连接的新网络。这些网络应该提供新的连接类型和机会，利用好每一个能够带来共同利益的方式，不仅将人们聚集在一起，而且将他们与建设群体的明确目标连接起来。我们希望为人们提供机会，使他们以动态的方式汇聚起来，不断创新，为所有人建设一个更美好的未来。

就自然资本而言，这种在相似基础上计酬的想法甚至更加简单。我们可以从思考企业采取的行动如何使体系变得更优质、更高效开始。由于自然资本的衡量方法包含五个元变量（水、空气、土壤、有机材料和无机材料），所以对自然资本计酬主要是确保我们每从地球获取的一个单位的自然资本，就要向环境归还相同或更高质量的一个单位，以此带来积极的回报。

创造积极的自然资本回报的一个非常简单的示例来自咖啡的种植与运营实践。收获咖啡豆后，人们在将其干燥和加工之前需要用水清洗，最简单和最常见的方式是用从附近的河里抽出的水清洗。这种做法给环境带来的问题是，如果用来清洗咖啡豆的水未经处理就回到河里，这将污染河流，由于水已经被咖啡豆的酸性破坏，这会给河流以及周围生态系统的自然资本带来负面回报。为了解决这个问题，我们可以对清洗咖啡豆的水进行处理（清除酸性），当处理过的水——现在水的质量可能比最初被抽取时的质量要高——返回到河里时，这些水将为自然资本带来中性甚至积极的回报（可以说是附带利益）。当然，前提是用来清洗水的系统自身不会产生太大的生态足迹。

第三原则：进一步解读和记录资本类型之间的关系

我们的研究确实在提高（以简单并可扩展的指标进行衡量的）社会资本、人力资本和自然资本水平之间建立了有前景的联系，其结果是比以金融资本的方式进行衡量的经济效益更大。现在，越来越多跨越多个商业环境和地区的试点已经结束，这表明资本形式之间的联系在不同地区和情况下是真实存在的。

随着我们的方法在各种行业和商业环境下继续发展，我们将根据时间进程建立一个由非货币化和货币化指标组成的广泛且深入的知识库，这将引发新的商业实践，创造更多互惠成果、方法以及新资本形式之间关系的样板模式。通过收集研究结果，与有着相似目的的组织进行共享，并改进我们的方法，我们相信企业可以配备必要的工具，有差别地开展业务，管理不同形式的资本，注重治愈商业生态系统中最严重的伤口，同时培养“健康的”金融业绩，使这些业绩无须因为企业做善事而被牺牲。

可以想到，此处最明显的目的就是确定我们可以用于最大化正相关性和最小化负相关性的实践。为了实现这一目标，我们不仅要将这些不同形式的资本视为相互依存——为此，我们需要具体的衡量和计酬措施——而且要解读这一自然法则，使这些资本彼此关联。借助资本为这种对等关系所带来的影响对资本进行权衡，将有助于为体系带来真正的价值，因为我们正在着手建立真实而持久的价值，这与纯粹基于直觉的大幅波动的虚假价值相反，后者不存在真实的潜在价值。

第四原则：有意识地、坚定地寻找“恰当”的利润水平

确定“恰当”的利润水平，最初是为了我们的玛氏公司，但是其实这种思路可以为所有企业确定恰当的利润水平，而这从一开始就是我们开展研究的一个主要目标。

如今，恰当的利润水平在很大程度上取决于主要股东的需求（对冲基金、养老基金、私募股权公司、金融市场等）。恰当的利润水平

是通过系统基准（外部压力）被施加于管理的，它并不是从内部借助企业商业生态系统中利益相关方的增长和繁荣的需求（内部压力）而出现的。因此，我们断言，在很大程度上，大部分企业的利润水平并不是真实的。利润或者过高（有时以零和方式提取，可能会在价值链中产生不明显但不均衡的效应，损害利益相关方和企业自身），或者过低，而所谓的“恰当”并不能准确解释企业对其他资本形式的贡献及维护。

当利润过高时，常规的利润衡量方式通常是以扣除维持有形资本（设备、机械、建筑、库存等）的成本为前提的，但却没有考虑维持其他资本形式（人力资本、自然资本、社会资本）的成本。因此，这种利润可能是一种“虚假利润”，是对企业真实利润的大幅度夸大，因为其未能反映出维持其他资本形式的实际商业成本。这种衡量方式往往人为地拔高了利润水平。

当利润过低时，常规的利润衡量方式通常不会考虑其他资本形式为企业带来的价值。传统的管理方法忽视了其他资本形式所固有的可能被认为“隐藏财富”的部分，因而不了解如何利用它们来造福企业及利益相关方。这种衡量方式往往低估了真实的利润水平。

类似地，并非所有的商业生态系统在其他资本形式方面都具有相同的“破碎”或“健康”状况，但这并未反映在利润水平上。人们可以认为，生态系统越破碎，利润水平应该越低，因为商业所产生的金融价值中更重要的部分应该被再投资以修复价值链中最薄弱的环节，也就是任何生态系统中利益相关方最敏感的痛点。反之亦然，生态系统越健康，利润就应该越高。

有些商业生态系统功能失调，此类糟糕的情况并不罕见；另一些商业生态系统在对非金融资本的管理方面则较为健康。比如，一些商业生态系统对它们所处环境的社会资本、人力资本和自然资本非常重视，而另一些商业生态系统却真的具有侵略性，无情地剥削环境、人和群体。这两种类别都有很多例子，结果就是，有些商业价值链比另一些更强大。由于任何链条都与其最薄弱的环节一样强大，一些价值链素来就有比其他价值链更薄弱的环节，它们就可能相当脆弱。问题在于，常见的情况是，即使在特定的商业生态系统中，也有一些利益相关方表现得很负责，而另一些则不然。因此，我们需要从生态系统的角度，而不是从各自企业的角度来接受这个问题。并且，商业生态系统的真正价值不仅在于其各自的利益相关方的力量，而且在于连接他们的纽带的力量。这一自然法则尚未体现在现有的商业实践与业绩指标上，而这正是我们希望填补的缺口。

基于我们仍然有些不成熟但前景光明且有潜在突破的研究结果，我们正在与来自牛津和其他地方的合作伙伴一起探索如何处理企业的恰当利润水平这一新概念。我们选择超越传统的利润概念以及在我们看来人为地限制了企业责任的企业常规界限。为此，我们引入了可持续利润和互惠的概念，并着手开发一种可以操作这些概念的方法。

为了向多数人解释可能仍然相当抽象的概念，我们引用前面提到的咖啡生产的例子，当废水被重新引回水源中，可能造成环境破坏时，清洗咖啡豆会污染水源供应。因此，现有的咖啡利润的衡量标准并不能正确地表述可持续利润水平。在评估如何重新审视咖啡利润以反映这种被错误衡量的因素时，我们考察了用于清洁水和提取污染物的替代技术，特别是糖。这涉及设备的投资和持续运行成本。将投资成本和运行成本加在一起，就是使这部分价值链更加可持续的总的额外成本。

更重要的是，这项实践还表明了可持续性和互惠之间的关系，原因是在投资从水中提取污染物的技术时，同样的设备可以用其他方法从多种水源中提取糖，并将糖转化为可作为能源出售的乙醇。这种一举两得的投资不仅可以向企业提供积极的自然资本功能，而且在理论上也可以创造新的收益，以冲抵在咖啡清洁操作中被污染的水的成本，在某种程度上，自然资本不仅回归环境，而且是以利润而不是金融资本赤字的形式。这样，成本就变成了为企业、环境和周边群体带来互惠的一种利润——“多赢”。这个简单的例子有助于解释可持续性和互惠利润的概念，展现它们是如何相关的，以及这两个概念如何作为一种新的管理技巧在实践中被实施。尽管这个具体的例子是关于自然资本的，但是类似的方法也适用于人力资本和社会资本，以此获得可持续和互惠的利润，维持其他资本形式的成本和效益。

综上所述，虽然目前还没有足够大的规模来置换现有的资本，但是我们现在必须努力发展这项事业，不能低估它。1995 年，普拉哈拉德教授问道：“为什么我们不能创造包容性的资本主义？”11 年后，他出版了一本名为《金字塔底层的财富》的书，概述了为什么他认为包容性资本主义可以通过将全球多数穷人吸引到有收益的生产性工作中而获得成功。他认为，在所谓的金融“金字塔底层”的数十亿人中——穷人中最穷困的人——存在着创业的最大机遇。

然而，经过又一个十年，这一目标依然难以实现，尽管我们相信普拉哈拉德在根本上是正确的。我们认为，他最初的观念缺少的是对不同类型的相关资本的衡量，以及对各种资本在类似基础上进行计酬的想法。我们在内罗毕、马尼拉，很快还将在乌干达和科特迪瓦（接下来会在中国、印度和其他地方），为穷人提供创业机会。迄今为止，我们的工作所创造的可喜成果将使这一论断更具有说服力，因为来自不同市场的支持性证据还在逐渐增加。

总 结

将商业重新定位为恢复性治愈力量

我们永远不缺钱。我们缺的是有梦想的人，可以为梦想献身的人。

——马云，阿里巴巴集团创始人兼执行董事长

每隔几十年，就又到了重写规则的时候：是什么为商业创造价值。我们相信我们正处于又一个这样的历史时刻，系统性变革正在迈出关键的一步，对商业规则的重写必须立即开始。

众多迹象表明，全球经济体系已经走到其周期的尽头，在这个尽头所处的时代中，对金钱本身的信任是最主要的，对金融资本的积累是最终的目标。比如，我们正在见证经济的重心从西方向东方转移，传统的七国集团（G7）工业化经济体（美国、德国、英国、日本、法国、意大利和加拿大）现在只占世界人口的10%，中国已经成为世界上最重要的债权国，而非洲凭借其人口的迅速增长以及相对较低的人口密度，意味着丰富的人力资源和自然资源。

“老”工业化国家可能仍占全球经济的40%左右，但其影响力正在加速缩减。在西方衰落的同时，世界其他地区正忙于从所谓的（经济）金字塔底层产生一个新的中产阶级，每三至五年就增加一个相当于“德国”的经济规模。西方以外的中产阶级的惊人增长将给自然资源带来更多的压力，并将要求全球经济创造数亿的新就业机会，以满足剧增的就业需求。这些现实共同构成了为多数人创造繁荣的新文化的独特机遇，正在扭转最成熟经济体中财富差距加大的趋势，反过来，这也是造成社会压力增长的一个成因，甚至导致了我们在西方世界目睹的一些暴力和民粹主义。

从20世纪70年代金融资本的稀缺到如今其他形式（社会资本、人力资本和自然资本）的稀缺，对于这一转变，本书中已有具体的阐述。或许更重要的是，如今我们目睹了从工业和服务型经济到知识和数字型经济的转变，在前者中对工业和金融资产的所有权具有最大价值，而在后者中对人际关系、社会网络和数据访问等的所有权占据中心地位，本书对这种转变的实际情况做了讨论。世界经济论坛执行主席克劳斯·施瓦布（Klaus Schwab）在他的著作《第四次工业革命》中描述了这一转变及其扩展形式“第四次工业革命”[1]。施瓦布坚信我们所目睹的融合了物理、数字和生物世界的迅猛增长的科技进步，比如“无处不在的移动超级计算、智能机器人、自动驾驶汽车、神经科技脑增强和基因编辑”，“从根本上改变了我们生活、工作和彼此联系的方式”。我们非常赞成这种说法，但是我们会补充说，正是科技与新稀缺现实情况的结合，把我们带到了经济崩溃与重塑的边缘，原因是商业借以运行近半个世纪的旧经济模式在新环境下已不再能够发挥最佳作用。事实上，它注定要陷入更加急剧的功能障碍，而这种功能障碍根本不可持续。

对那些寻找裂缝的人来说，系统中大量日益可见的裂缝正在变得明显。功能障碍的一个例子是，市场过分关注将短期利润最大化并分配给股东，而不是将利润重新投资在利益相关方的价值链上，但这是具有破坏性的，几乎是不合理的。另一个例子是，货币的作用从一种提供流通性的工具转变为投机与财富积累的高强度工具，这种短期思维导致了资源的结构性错配。金融市场自我调节机制的退化应该引起高度关注，因为就像在过去的 40 年一样，金融危机的规模和频率不断增大，伴随着在 2008 年晚期到来的高（或者低，取决于视角）水位线。实际上，对系统的下一次冲击可能会加速当前系统中最后一个残存空洞的崩溃，加速其被新系统取代的进程。

历史告诉我们，这种从一种经济体系向另一种经济体系的转变绝非容易，绝不是无痛的。2008 年次贷危机继续使人们遭受痛苦，特别是数百万人因此失业或未尽其才，更不用提下一代人日益严重的绝望和梦想的破灭，如果他们不能胜于自己的父辈和祖辈，他们是否还能找到至少与其父辈和祖辈相当的职业道路。诺贝尔奖获得者约瑟夫·

斯蒂格利茨（Joseph Stiglitz）在他的著作《自由落体》（*Freefall*）中写道："2008 年经济危机的唯一惊人之处是它让如此之多的人感到惊讶。"他继续写道："对一些观察者来说，它不仅是可预测的，而且还是一个已经被预测过的教科书案例。"国际货币基金组织在 2016 年 10 月宣布，全球（私人和公共）债务创造了 152 万亿美元的惊人纪录（比整个全球经济规模的两倍还要多），这点明了一个事实，即下一个危机或许比从 2008 年开始的危机更具有破坏性，它也是可预测的，并且我们预测它会比许多人能想到的出现得更早。

转变的痛苦

对于持续性的危机，完全工业化的经济体的主要回应是通过量化宽松策略以惊人的速度增加货币供应量，这一回应可能会延续到下一个更大的（决定性）危机。量化宽松从其命名方式上看是无害的，也许这是为了使无中生有的巨额钞票的"印刷"更能令人接受——除了提升人们的信心，它没有任何潜在价值，它只能让人们相信，福布斯杂志的约翰·塔姆尼（John Tamny）在其 2014 年的文章《美联储不是在印钞票，它在做更糟糕的事》（The Fed Is Not Printing Money，It's Doing Something Much Worse）中所形容的"它败坏了货币作为稳定的交易媒介的唯一目的"是有一定价值的。

迄今为止，在系统性变革本能地突然降临并强加给我们痛苦之前，我们并没有做出有意义的努力来影响系统性变革。相反，在面临即将发生的变化时，采取更多类似量化宽松的措施似乎表现了中央银行家和政府领导人的想象力的匮乏。这种宽松的货币政策，执行到这一程度上，正在孕育金融资产泡沫，为未来的危机创造条件，而下一个危机可能会令最近这次危机相形见绌。如今，金融资产通胀与实际消费品通胀之间存在机能失调的缺口。这甚至在一些情况下刺激了负利率，许多人现在已经开始称之为“新常态”而非罕见例外。

负利率给市场发出含蓄的危险信号：人们不再有对未来投资的动力，目前的经济没有在未来创造增长和繁荣的希望。量化宽松政策也是投降的标志，因为各国政府现在认为他们别无选择，只能通过本质上人造的货币（无中生有创造出的价值）进行人为投资。此外，负利率证实金融资本的价值正在下降甚至萎缩，这种情况只能暂时维持一段时间，但是如果时间延长，它将逐渐破坏整个体系的根基。

我们现在被迫重新思考新的全球金融秩序以及金融资本在新经济环境中的作用。作为投资者，如今我们的选择在根本上是：要么投资利率接近于零或者负数，意味着亏损的政府债券或其他金融资产；要么冒险投资实体经济，特别是那些知道如何管理本书中描述的其他资本形式的企业。但是投资新经济确实是一个全新的领域，风险的本质从旧经济中纯粹的金融风险管理（借助一系列复杂的金融工程产品）转变为完全不同的东西。

毫不奇怪的是，减轻管理多种新资本形式的风险比减轻来自单一资本形式的风险要复杂得多。并非所有调动与部署社会资本、人力资本和自然资本以使更广泛的利益相关方受益的商业实践在每种商业环境或每种商业文化中都有效。因此，一个新的企业管理者群体必须愿意并允许围绕不同形式的资本尝试一系列不同的管理实践，并且要像真正的企业家那样，因承担风险而有所回报，不因每次失败而受到责罚。在这件事上我们真的没有选择，要么适应，要么迅速消亡。正如斯蒂格利茨在《自由落体》中提到的：“如果不采取行动更好地管理全球金融和全球经济体系，未来将出现的危机也许会更严重。”

新想法源于古老真理

新经济的新规则其实并非真的如此新鲜。事实上，它们来自一个古老的理念，而这一理念的要点是在任何经济体系中繁荣的关键支柱（人、自然和利润）的作用和优先级，这些规则扎根于我们的文化、历史和人类身份的深处。这就是被称为禧年的原则，即我们要充分照顾到每种资本形式，寻求互惠利益而不是剥削关系，这是规范而不是例外。禧年的方式中内嵌的是一种认知，即人们要认可我们需要把一些金融资本积累在有才能的企业家手中以促进繁荣，这不是通过再分配来平衡资产配置，而是把管理金融资本的责任交给那些天赋在此的人。管理其他资本形式也是如此，只要其目的是发展整体繁荣以有利于多数人而不是少数人，或者不是牺牲其他人以利于个别人。

禧年也时常重设规范，以确保每个人在他们人生旅途的特定航线中有机会在没有债务负担的情况下重新出发。通过这种方式，资本在过长时间内过度积累的风险就会得到缓解，否则，很多人会被置于极其不利的境地。通过这样的方法，为了进行高风险投机或者仅仅为了积累财富的目的而滥用金融资本也变得不太可能。

或许新现象是，这些原则如今可以被作为自然法则用于商业，而不是仅仅作为鼓舞人心但似乎不切实际的哲学原理。这是一种更好的商业运营方式，是一种在多个层面上使参与者获得更多回报的方式。这意味着，对社会和地球行善实际上可以通过商业实践来实现，并不总是以牺牲金融资本为代价。商业价值链中的“多赢”局面实际上是可行的，并且能够创造优异的整体价值，这将使企业在市场中的成功更具有可持续性。而且通过这种方式，企业可以促成政府和慈善机构无法实现的社会和环境转型。

有利于系统性转变的环境

负利率的出现以及这种“新常态”为重新思考货币在新经济背景下的作用打开了机会之窗。负利率使得投资者没有真正的选择，只能将资金从金融市场——接近于零与零以下回报率的债券市场以及目前估价过高的股票市场——转移到其他并不侧重短期金融收益的投资方式上。这种对实体经济比如住房、基础设施和教育的投资，尤其是对贫困群体的投资可以获得比零或负利率更高的回报，正如我们在目前的试点商业试验中所看到的那样。

总结来说，支撑这些试点的方法（包括适当数目的关键变量，以及可用于不用资本形式的共享价值指数）可以被简要概括为如下内容。

附表 0－1　总结本书试点所用的方法

分类	概述
主要特征	**简约性**　每种资本可以用少量变量来衡量，这些变量在每种资本形式中的占比约为 75% 以上 **稳定与可操作性**　每个资本及其相应的指标都在多个国家和包括供需双方的多种商业环境下进行了测试，它们都表现出明显的稳定性 **业绩相关性**　这些新资本形式与经济业绩之间强健而稳定的相关性已经在多种商业环境下被确立
人力资本	个人的技能、经验、知识、（一般性的和职业特定的）满意度、健康和福祉 通过一项调整过的“工作中的福祉”调查进行衡量，衡量以下方面： • **企业形象**　“言行一致”——员工与企业价值观、形象、企业愿景和商业策略相一致的程度 • **员工社会资本**　对员工之间以及员工与管理层之间信任关系的感知水平 • **POUM 效应**　如果员工希望在工资分配上向上发展，那么员工对企业内部工资差异的接受程度如何 • **地位和认可**　在权力与声望方面，企业赋予员工的象征性价值，部分替代了工资差距

（续表）

分类	概述
	• **直属管理者效应** 积极参与的、满意的直属管理者在多大程度上影响其直接下属的工作福祉水平 在贫困群体中，我们确定了以下因素： • **一般性福祉** 对收入、医疗、住房和财富的满意水平，支出需求在何种程度上得到满足 • **职业特定的福祉** 工作条件（时间、工作量、灵活性、工作需求、材料与设备），社会资本（来自供应方、客户以及其他项目参与者的群体的支持）
社会资本	影响人们福祉和富足的非金融关系 通过调查进行衡量，包括三个关键驱动因素：信任、社会凝聚力、集体行动能力 • **社会凝聚力** 身份（性别、宗教、种族等）和地位（土地所有权、教育、阶级等）的差异在多大程度上被视为广泛群体和商业网络中人与人之间分化或差距的来源 • **信任与行为** 在主要的社会和商业行为（贷款/借款，或者展现出的道德与负责任行为）中感知到的信任程度 • **集体行动能力** 群体成员如何通过共同努力（为集体目的而调动资源，请愿当局，为共同目标而协作等）来解决他们的问题
自然资本	产品整个价值链中使用的自然资源的全部投入 旨在通过资源（自然资本）效率来影响业绩 通过五个主要指标来衡量： • **不可再生的非生物材料** 不可再生资源（比如金属、矿物质） • **可再生的生物材料** 可再生资源（比如有机材料、植被、生命体） • **水** 降雨、泉源、生活用水 • **空气** 通过燃烧吸收氧气 • **表土侵蚀** 森林砍伐、土壤盐碱化（对生物多样性的影响）
共享金融资本	价值链的参与者之间如何分享经济利益，从而确保可持续的利润率和工资 旨在通过对价值链中利益相关方更公平的利益分配（共享金融资本）来影响业绩 通过整个价值链中的“共享价值”指数来进行衡量（与基尼系数类似）： • 评估价值分享状况并确定需要解决的热点问题 • 开展比较（跨价值链、跨时间） • 为评估提供一个优质的框架

不管这种方法的简单性和可操作性如何，关于金融资本以外的资本价值，将需要一场运动来促成思维模式上的转变。值得庆幸的是，我们看到了这一运动开始出现的迹象。这种现象不是由积极分子或思想家推动的，而是由一小群有影响力并有长远思考的商业领袖（有意或无意地）培养出来的。这些人是真正的行业领袖，他们深入地了解商业的运作方式，更为公开地挑战了传统思维，本能地认识到当前方法的根本缺陷，也许最重要的是，他们正努力在系统自行崩溃并将他们的企业置于不利形势之前寻找一种新方法。

人们可以“看到”这种思想的轰鸣声，在被很多人视作金融资本主义体系核心堡垒的人工制品上隆隆作响。比如，贝莱德集团（BlackRock，全球最大的投资管理公司，管理着4.5万亿美元）的首席执行官拉里·芬克（Larry Fink）在他2016年2月向标准普尔500强（S&P 500）和欧洲大型企业的高级管理人员发出的公开信中表示：“如今对季度收益的狂热完全违背了我们所需的长期方法。”他继续解释道：“要想创造可持续的利润，我们不仅需要更加侧重于治理，而且需要关注当今企业面临的社会和环境因素。这些问题既带来了风险，也带来了机遇，但是长期以来，企业并未将其视为自身经营的核心，即使正如《巴黎协定》所表明的那样，全球的政治领导人越来越关注这些问题。从长远来看，环境、社会和治理（ESG）问题——从气候变化到多样性，再到董事会效用——都具有真正的可量化的金融影响。”

保罗·波尔曼（Paul Poleman）是全球领先的快消品公司联合利华的首席执行官，他在关于联合利华的可持续生活计划（Sustainable Living Plan）的公开采访中同样直言不讳：“我认为我们受托的责任不是把股东放在第一位。”波尔曼说：“我认为恰恰相反。我们坚信，如果我们将企业的重点放在改善世界公民的生活上，提出有诚意的可持续性方案，那么我们会更能与消费者和社会保持同步，最终这将带来良好的股东利润。”波尔曼还公开表示：“资本主义的本质正在受到威胁，因为商业如今被视为个人财富的收集器。我们必须让这个世界恢复理智，把更大的利益置于自身利益之前。我们需要非常艰苦地斗争，去创造一个更加重视长期发展的环境，摆脱短期效益主义。”

马云是亚洲最成功的企业家之一，其创建的阿里巴巴集团被普遍形容为“中国的亚马逊网站”。他相信：“今天，赚钱非常容易。但是，在对社会负责和改善世界的同时可持续地赚钱是非常难的。”马云解释道：“如果你想要发展，今天就去找个好机会。如果你想要打造一家伟大的企业，就想想你可以解决什么社会问题。”

对于芬克、波尔曼和马云等商业巨头的这种非常规思想，其影响被联合国千年发展目标等鼓舞人心的全球倡议行动加以扩大，联合国千年发展目标旨在到2015年“消除极度贫困和饥饿；普及初等教育；促进性别平等和赋予妇女权力；降低儿童死亡率；改善孕产妇保健；与艾滋病、疟疾和其他疾病做斗争；确保环境的可持续能力；达成促进发展的全球伙伴关系”。由于这些崇高愿望没有实现，这些目标在2015年联合国可持续发展目标（将在2030年实现）中被更新/取代，目的是：消除贫困和饥饿；促进健康、性别平等、清洁饮水和卫生、经济适用的清洁能源、体面工作以及经济的发展；发展产业、创新和基础设施；减少不平等；使城市和社区更加可持续；推动负责任的消费；就气候变化采取行动；改善水下生命和陆地生命；促进和平与正义；建立伙伴关系以实现这些目标。

虽然这种雄心壮志是值得赞美的，但是国际机构和政府渴望实现的目标与拉里·芬克、保罗·波尔曼、马云等人在商业领域实际能够兑现的承诺——如果配备了包括新指标和新管理实践在内的新模式，以此推动优异的整体业绩——形成了鲜明对照。我们认为，如果商业领袖确信他们有一种新的方式来“做好事，做得好，做大规模”，那么在持久的变革性改变方面，企业似乎更有可能推动世界从理想变为现实。然而，如果他们只有在做好事和做得好之间进行取舍的工具，那么商业不会是变革性的，因为这限制了适当扩大规模的前景。

企业，尤其是跨国公司，在新经济背景下的角色和责任正在不断演变，变得越发重要，这使得我们很难想象为何如此多的商业领袖仍在坚持目前看来已经非常陈旧的弗里德曼式理念，即“企业唯一的社会责任是使分配给股东的利润最大化”。今天，跨国公司以及少数大型的非营利组织，是实际上唯一真正的全球化的“完全”参与者，因为它们几乎可以在全世界范围内自由运作，除了极少数例外，比如像朝鲜这样相对封闭的经济体。跨国公司也有办法应对国家无法解决的全球挑战，因此它们可能是能够（重新）塑造我们的生活的新世界的唯一参与者。这一现实给跨国公司领导人带来了巨大的责任，而他们中的大多数人还未能在实际上或情感上做好处理问题的准备。企业今天真正的责任远远超出了传统的法律界限，并且必须涵盖企业运行所在的整个价值链或商业生态系统。但是，现有的法律框架尚不支持这种扩大的责任，这为政策制定者调整公司法语料库创造了一个新角色。

对企业的真实业绩的评估也必须发展到超出金融资本的范围，这要求商业领袖展现出对他们来说多半还是未知的新力量。弗里德曼赋予了我们以非常强健的方式管理金融资本的能力，那些将他的思想推向极致的人还在继续证明如何通过巧妙的金融工程、衍生工具交易和其他手段以钱生钱，甚至如何通过中央银行执行的非常规货币政策，比如量化宽松，使钱无中生有。然而，管理金融资本之外的价值是一门新兴学科，但正如我们所讨论的那样，这门学科已经开始生根并成长。这种多资本的方法需要的不仅仅是参与的意愿与开放的思想，它还需要一个全新的商业实践范围，并非所有这些实践都将适用于每个企业的文化背景，因此这种方法的成熟需要时间，而且拥有相同目标的伙伴公司的合作行动可以为可行性想法的产生推波助澜。

伴随着新的管理实践，人力资本、社会资本及自然资本必须有新的指标，这些指标可以主动驱动业绩，而不仅仅是被动地衡量行动的影响，尽管我们目前的指标也是多用途的，并且可以做到以上两点。影响指标（滞后指标）对于我们的模式不是最重要的，管理指标（先行指标）则是我们希望可以更好地理解和部署的指标，因为它们为管理者提供了调动、获取和利用人们的固有“财富”以及现有环境资源的手段，它们至今仍被企业埋藏或忽视，主要是因为人们认为它们不能以具有商业可行性的方法被衡量。因此，我们认为，我们的工作的贡献是为管理提供了通用的、稳定的、（在业务单元层面）可操作的非货币化人力资本、社会资本及自然资本指标，这是一种对于商业管理方式具有变革性潜力的突破。

这种商业模式举措的主要贡献可以用于服务多种目的。首先，它强调了目前金融资本主义模式的缺陷，人们缺乏合适的学术（管理理论）和商业（实践）框架来解决新兴的全球经济体系中的新游戏规则。接下来，我们通过商业试点活动展示了如何着手解决这些系统性缺陷。我们的报告证实，大型企业，尤其是跨国公司，如今有能力、影响力和责任代表其价值链中的利益相关方采取更负责任的行动，并且他们必须加快速度应对这一挑战，尽管许多人尚未在文化、情感或知识储备上做好接受所有这些必要改变的准备。我们正在挑战企业对此负责的意义，企业的传统法律边界不再是决定企业应该触及多远的充分参数，因为日益复杂的商业价值链只会与这些价值链中最薄弱的环节一样强大。

未来，对于那些可能被认为很杰出的企业，它们的真正目的将不仅仅是为股东赚取更多的钱。它们会更多地关注自身如何能够通过利用企业的力量周到地、有意识地考虑自身可以解决的社会问题。对于认为经营业绩仅仅有关金融业绩的狭隘观点，这是一个挑战，所以杰出的企业将需要扩大自身的资产负债表，以涵盖它们在利益相关方的商业生态体系中对社会资本、人力资本及自然资本的影响，毕竟如今已经有可能以与衡量金融资本同等的准确性、简单性和可操作性来衡量这些其他形式的资本。这样的企业将是那些通过理解和管理这些多样的资本形式，认识到商业可以同时驱动利润并为人类和地球带来更广泛互惠利益的企业。

知识的责任

从愚昧到启蒙的旅程，与从占星术到天文学的旅程并无不同。从股东利润最大化到使商业对利益相关方更互惠的旅程，也是如此。旅途已经开启，但是它还处于一个早期阶段，很多企业举措更接近于占星术而不是天文学，因为它们更多的是雄心抱负而不是背后的科学。此外，极少举措的背后包含了可以推动更大的整体企业业绩的稳健指标。这也许可以解释为什么人们如今的重点仍然停留在企业社会责任和可持续发展项目上——有成本地为人类和地球做善事，同时旨在提高企业声誉——而不是在推动系统性变革上，只有当企业意识到可以在获利的基础上解决社会和环境难题时，这种系统性变革才会出现。

在从愚昧到启蒙的旅程中，每一个阶段都很重要，因为每个阶段都会带来新的知识，并伴随着践行新知识的责任。用富兰克林·罗斯福的话来说，“能力越大，责任越大”。一些利益相关方（优秀的商业领袖、政府监管机构、学者和消费者）对目前正在出现的企业的新社会角色与新责任的意识逐渐提高，这是人类在新的全球经济背景下调整和适应新现实的能力方面的一个令人欣慰的迹象。联合国最近的可持续发展目标也同样令人鼓舞。但是正如阿尔伯特·爱因斯坦所说的：“我们不能用和创造问题时相同的思维去解决问题。”根据古老的谚语，这就像没有人应该“把新酒装在旧皮袋里”，因为“酒和皮袋都会坏掉”。谚语还说：“要把新酒装在新皮袋里。”

诸如千年发展目标或可持续发展目标这样的举措，就如同被放在谚语中的“旧皮袋”内，可能在一天结束时收效甚微。因此，我们的目标是从根本上解决这个问题，以引发一种系统性的变革，将金钱在商业中的角色恢复到它本应成为的角色——一种经济交换和分配所有权的手段，而不是一种意味着无限累积的虚伪商品。金钱可以而且应该仍然是一个强有力的工具，只不过原因是它服务于经济，而不是经济最有价值的产出。

我们的目标的另一个同等重要的部分是对不同资本形式的适当计酬，以及在人类、社会及自然对经济的贡献方面恢复对非金融资本的重视。（重新）探索人力资本、社会资本及自然资本在驱动经济业绩方面可以发挥的作用——如果管理适当的话——是实现对优先事项重组的关键。当重组开始扩大规模时，金融资本和金融体系本身就应该恢复“好仆人”的角色，毕竟我们已经见识到金钱作为“坏主人”

会造成损害。金钱需要像一个好仆人而不是一个主人一样被计酬，因此，对企业来说应该有一个“恰当的”利润水平的概念——这是在距2008年金融危机爆发两年前我们提出的特别问题，是开启这趟非凡旅程的基础。

最重要的管理工具之一是对利润的衡量。从最初就确定企业的“恰当”利润是我们的新商业模式项目的首要目标。正如我们在本书中解释的，现有的利润衡量方法是不完善的，而且实际上是具有误导性的，因为它们至今没有对企业中资本的维护做出正确解释。常规的利润衡量方法考虑的是在维护有形资本（设备、机器、建筑、存货等）时花费的净成本，但是它没有考虑到维护其他资本形式的成本，比如人力资本、社会资本和自然资本。因此，这些衡量方法极度夸大了企业的真实利润，未能反映在维护非金融资本形式方面的实际商业成本。

正如我们所阐述的，企业的恰当利润水平也许实际上高于现有评估办法所告诉我们的水平，这是有可能的。我们可以开发在商业上可行的（有金融效益的）解决方案，来解决商业活动造成的问题，或利用至今未能利用到的隐藏财富。解决像水污染这样对自然资本有负面影响的商业活动，就有可能抵销恢复资本所需的成本（在水经过商业使用被污染后，清洁水所需的技术成本），但要使用具有双重功效的技术来做到这一点，比如更有效地从玉米中提取乙醇就是一个看似合理的例子。这有望将投资成本转化为利润，从而在为环境带来好处的同时产生对企业有利的结果。在肯尼亚的马乌阿微型分销（微型创业）项目中，我们在没有（或只有极少）可见金融资本的地方确认了人力资本和社会资本，有意地管理和发展这些非金融资本来创造社会福利、人类福祉和稳定收入（利润率高于一般水平），同时为跨国公司带来更高的增长率和利润。在某种程度上，该方法是一种将贫困人群或环境中的隐藏财富通过社会资本、人力资本或自然资本进行衡量并将其转化为对所有涉及方互惠的手段。

从历史上来看，我们今天所目睹的功能障碍类型——在很多情况中可见，如自然资源压力、环境恶化、贫富差距扩大，甚至许多人权组织所说的现在的奴隶比人类历史上的任何时候都多——通常可以通过以下一种或多种方式被消解。

- 自然或社会灾难，如饥荒、战争、革命或流行病。
- 征服新土地，如“天命论”或者可能很快会出现的太空殖民。
- 科学或技术突破；一种管理新稀缺形式、分配资源并以不同方式重新分配价值创造的新经济模式。

来自新科技与新商业模式的解决方案远比其他使世界遭受巨大痛苦的历史解决方案要好得多。但是，借用温斯顿·丘吉尔的话：“你永远可以指望人类去做正确的事——在他们尝尽其他一切可能之后。”

如今我们有可能拥有一代人仅有一次的机会来重新定位商业，将其作为恢复全球经济的治愈性力量。商业可以且必须为了多数人变成深刻而积极的变革的动力，而管理知识可以成为一门创造和收获新世纪的真正财富的学科。《传道书》中所罗门王有箴言：“凡物皆有定时。保守有时，舍弃有时；栽种有时，拔出有时；言语有时，默默有时。”我们相信，现在是时候根除和舍弃金融资本主义功能障碍了；是时候播下更完整的资本主义形式的种子；是时候大胆说出我们通过教育和商业所学到的一切；是时候分享一种治愈商业的方法，而且治愈商业可以在全世界范围内带来更大的治愈，即治愈人类之间的关系以及人类与自然之间的关系。我们邀请您与我们一起加入这个探索之旅。

注　释

推荐序二

1. 参见《啤酒厂杂志》(*Brewery Journal*)第3期(2014年1月)中关于“探索互惠”(Exploring Mutuality)的三篇文章:客座编辑兼玛氏公司董事会主席斯蒂芬·M. 巴杰(Stephen M. Badger)所写的社论,玛氏公司总裁保罗·S. 迈克尔斯(Paul S. Michaels)所写的“玛氏互惠之旅”(The Mars Mutuality Journey),玛氏公司催化剂智库的布鲁诺·罗奇和杰伊·雅各布所写的“互惠经济学”(The Economics of Mutuality)。来源:www. freuds. com/the-brewery。

引言　根除金融资本主义的功能障碍

1. 对互惠经济学根源的理解,可再次参考《啤酒厂杂志》“探索互惠”特别版(2014年1月第3期)。来源:www. freuds. com/the-brewery。
2. 该项目目前仍与牛津大学赛德商学院继续开展,作为合作平台

"商业中的互惠：互惠指标的采用和影响"（Mutuality in Business：Adoption and Impact of Mutuality Metrics）的一部分。来源：www. sbs. ox. ac. uk/faculty-research/research-projects/mutuality-business。

3. 全球足迹网络是一个计算生态负债日（人类耗尽年度自然资源预算的日期，也被称为地球生态超载日）的独立智库。
4. 禧年是一个古老的概念，以 50 年为一个周期，禧年时释放奴隶、将土地归还原主、暂停土地耕种以便于土地休整和修复。

第一章　资本的扩展含义

1. 即"20 国集团劳工份额"（The Labor Share in G20 Economies）。2015 年 2 月 26—27 日，土耳其安塔利亚 G20 就业工作组（G20 Employment Working Group）报告。
2. 劳动收入份额是国民收入中分配给劳动报酬的部分，而资本份额是国民收入中流向资本的部分。劳动收入份额下降通常反映了劳动生产率的增长速度高于平均劳动报酬，并且和劳动收入相比，对资本的回报增加。
3. 来源：2016 年全球足迹网络，http：//www. foot printnetwork. org。
4. 衍生品是一种其价格来源于一项或多项基础资产的交易证券。据一些分析师估计，衍生品市场的规模是整个全球经济的国内生产总值的 10 倍以上，实际总值可能高达令人难以想象的 1 200 万亿美元。尽管人们对于衍生品市场的实际规模没有达成共识——因为无论侧重市场价值还是名义价值，它都可能发生显著变化——它仍然是惊人的，并且无论计算方法如何，衍生品在全球投资中都占有相当大的比例。

5. Brian Merchant, "How Many Gallons of Water Does It Take to Make…" Treehugger. com, June 24, 2009.

6. 联合国大学——水、环境和健康研究所（United Nations University—Institute for Water, Environment, and Health）。

第二章　衡量人力资本和工作福祉的五个指标

1. Peter Warr, "Well-being and the Workplace", in *Well-Being: The Foundations of Hedonic Psychology*, eds. Daniel Kahneman, Edward Diener, and Norbert Schwartz (New York: Russell Sage Foundation, 1999), 392 – 412.

2. J. K. Harter, F. L. Schmidt, J. W. Asplund, E. A. Killham, and S. Agrawal, "Causal Impact of Employee Work Perceptions on the Bottom Line of Organizations", *Perspectives on Psychological Science* 5, (2010): 378 – 389.

3. A. Edmans, "Does the Stock Market Fully Value Intangibles? Employee Satisfaction and Equity Prices", *Journal of Financial Economics* 101 (2011): 621 – 640.

4. P. Böckerman and P. Ilmakunnas, "The Job Satisfaction-Productivity Nexus: A Study Using Matched Survey and Register Data", *Industrial and Labor Relations Review* 65 (2012): 244 – 262.

5. M. Riketta, "The Causal Relation Between Job Attitudes and Performance: A Meta-Analysis of Panel Studies", *Journal of Applied Psychology* 93 (2008): 472 – 481.

第三章　衡量社会资本——群体如何影响增长

1. 对经济学家所研究的社会资本概念的理解，参考史蒂文·杜尔劳夫和马塞尔·凡夫彻平在《经济增长手册》（*Handbook of Economic Growth*）第1卷（2005年）中的第26章。
2. Marcel Mauss, "Essai sur le don. Forme et raison de l'échange dans les sociétés archaïques", *L'année sociologique Tome* 1 (1990): 30 – 186 (The Gift: The Form and Reason for Exchange in Archaic Societies).
3. Pierre Bourdieu, "The Forms of Capital" in *Handbook of Theory and Research for the Sociology of Education*, ed. John C. Richardson (New York: Greenwood Press, 1986), 241 – 258.
4. Francis Fukuyama, "Social Capital and Civil Society" (IMF Working Paper 74, 2000).
5. C. Grootaert, D. Narayan, V. Nyhan Jones, and M. Woolcock "Measuring Social Capital: An Integrated Questionnaire" (World Bank Working Paper no. 18, 2004).

第四章　衡量自然资本——以少制多

1. 自然资本，正如我们在商业环境中针对我们的目的所定义的那样，只是用于商品制造过程中的原材料的价值。
2. 在该模型中，投入指用于特定活动的所有资源，产出是活动的所有直接影响。结果是产出造成的中短期影响，影响被定义为结果的长期影响。来源：Justus von Geibler, Francesco Cordaro, Katharina

Kennedy, Michael Lettenmeier, and Bruno Roche, "Integrating Resource Efficiency in Business Strategies: A Mixed-Method Approach for Environmental Life Cycle Assessment In the Single-Serve Coffee Value Chain", *Journal of Cleaner Production* 115 (2016): 62–74。

3. Justus von Geibler et al, "Integrating Resource Efficiency in Business Strategies", 62–74.

4. 四倍法是恩斯特·冯·魏茨泽克（Ernst von Weizsacker）与伍珀塔尔研究所，以及落基山研究所的亨特·洛汉斯（Hunter Lovins）与艾默里·洛文斯（Amory Lovins）提出的一个概念，指出通过关注投入效率，利用现有技术，企业可以减少75%的自然资源消耗，同时将生产率提高4倍。其后更有雄心的概念被称为十倍法，它进一步发展了四倍法，指出基于资源枯竭的速度，人类必须在未来30~50年内将投入减少90%，同时将资源生产率提高10倍。

第五章　重新校准金融资本——互惠如何驱动利润

1. 购买力平价近似于在计算一种货币相对于本地货币的价值时所需的调整。

第六章　马乌阿——社会资本与人力资本：案例研究

1. 群体中社会资本和人力资本丰富，但是金融资本贫乏（大多数人在贫困线以下）。

2. 对混合价值链概念的理解，参考比尔·德雷顿（Bill Drayton）与瓦莱里亚·布迪尼奇（Valeria Budinich）在2010年9月《哈佛商业评论》（*Harvard Business Review*）上发表的“全球变化的新联盟”（A New Alliance for Global Change）一文。

3. “科技服务”是一个为解决发展中国家的贫困问题而制定商业解决方案的国际非营利组织，其总部设在华盛顿。来源：www. technoserve. org。

总结　将商业重新定位为恢复性治愈力量

1. Klaus Schwab, *The Fourth Industrial Revolution* (New York: Crown Business, 2017).

致　谢

我们要对很多人表达我们深切的感激和谢意，他们的努力为本书背后的故事贡献了关键部分，感谢玛氏公司的商业领袖和家族股东们，他们使得我们能够出版本书，并追求我们的职业目标。我们要特别感谢我们的同事弗朗西斯科·科达罗博士的开创性研究，他与来自索邦大学的阿兰·德斯多伊戈茨（Alain Desdoigts）教授和来自斯坦福大学的马塞尔·凡夫彻平教授展开社会资本衡量方面的合作，与来自巴黎经济学院的劳迪娅·塞尼克教授展开人力资本衡量方面的合作，并与贾斯特斯·冯·盖布勒博士及其在德国伍珀塔尔研究所的团队展开自然资本衡量方面的合作。同时，我们非常认可我们的新加坡同事克莱拉·沈（Clara Shen）所做的不懈努力，她与一支敬业的小型团队在复杂的环境中（比如内罗毕、马尼拉，现在在雅加达，不久后将到中国等），出色地领导了基于新模式和新指标的混合价值链商业试验的试点工作。

我们还要感谢我们鼓舞人心的朋友、著名作家彼得·布洛克（Peter Block），他向我们提供睿智的意见，并向我们的新朋友和现在的出版商史蒂夫·比尔桑蒂（Steve Piersanti）推荐我们的手稿。感谢无与伦比的阿维什·布雷弗曼教授，他明智地建议并帮助我们开启新的大门，包括介绍我们认识他的贝都因[①]以色列朋友，他们住在《创世记》[②] 中贝尔谢巴[③]之外的内盖夫[④]，我们希望将来有一天能够在那里采用新模式，帮助以实玛利和以撒[⑤]的后代达成和解。玛氏科学咨询委员会联合主席弗兰克·艾克斯博士是“上帝赐予我们的人”，他的智慧、友谊和支持为我们保驾护航。他也是橡树岭国家实验室的前主管，主持并批准我们工作的外部同行评审，为牛津大学和以后其他地方开始采用新模式作为商业的一部分以及对新模式的教学铺平了道路。感谢我们的“常驻社会学家”彼得·伯格教授，他帮助我们在人类学家合作伙伴——特别是来自哥伦比亚大学的佩奇·韦斯特（Paige West）博士以及威斯康星大学和牛津大学的艾米·施坦巴赫（Amy Stambach）博士——的帮助下解决了社会资本衡量的难题。感谢我们亲爱的朋友和温和的顾问史蒂夫·加伯（Steve Garber）博士，他从一开始就与我们分享了这段旅程，并在一路上为我们介绍了很多迷人的贡献者。感谢迈克尔·拉姆斯登（Michael Ramsden）、托马斯·桑德尔（Tomas Sandell）、阿琳·维斯特霍夫（Arleen Westerhof）、安德鲁·贝克（Andrew Baker）、乔治·安纳多纳（George Annadorai）、帕特里克·麦克唐纳（Patrick Mcdonald）及其团队，以及所有其他一直鼓励我们的朋友。

还有很多人的付出值得认可——太多了，无法一一列举。但是，我们要向玛氏公司前首席执行官和我们的朋友保罗·迈克尔致以特别

① 贝都因：贝都因人是阿拉伯人的一支。——编者注

② 《创世记》：《圣经·旧约》的第一卷。——编者注

③ 贝尔谢巴：以色列内盖夫地区中心城市。——编者注

④ 内盖夫：以色列南半部地区。——编者注

⑤ 以实玛利和以撒：两者都是《创世记》中的人物，而且是同父异母的兄弟，以实玛利是阿拉伯民族的祖先，以撒是犹太民族的祖先。——编者注

的谢意，他在最初我们的模式还只是一个疯狂的想法时就支持我们。我们还要特别感谢现在已经成为全球最大的咖啡采购公司JAB控股公司（JAB Holding Company）首席执行官的奥利维尔·古戴（Olivier Goudet），他对我们的鼓励和支持可以追溯到他在担任玛氏公司首席财务官期间。事实上，正是由于奥利维尔的敦促，我们才完成了本书。感谢玛氏箭牌糖果有限公司的总裁马丁·拉德万，多年来他一直是一位宝贵的导师，他信任我们并帮助推动本书所述的工作成为可能。感谢布莱恩·艾林（Bryan Ayling）、伊恩·伯顿（Ian Burton）和塞德里克·巴彻勒里（Cedric Bachellerie），感谢我们重要的朋友和合作伙伴、牛津商学院前任院长科林·迈耶教授，他在下一代商业领袖中积极推进和教导新模式，感谢他的团队和现任院长彼得·图法诺（Peter Tufano）。感谢一位珍贵的合作伙伴和知己、已故的牛津大学斯科尔社会创业中心的主任帕梅拉·哈蒂根（Pamela Hatigan）博士，感谢她的友谊，感谢她对这个主题充满热情，并以实际行动帮助我们积极推动新模式，直到她逝去的那一刻。我们失去了她，但是我们对她的记忆永存，部分是通过这项工作。

最后，还有很重要的一点，我们要感谢那些我们在这里没有特别说出名字的人，他们是本书旅程的一部分，比如我们在早期草稿阶段的写作导师、其他的思想合作伙伴、催化剂智库的其他成员，包括几位曾经以各种方式做出贡献的前智库成员，还要感谢每天为我们祈祷的家人、朋友和祝福者们。谢谢你们所有人为解放可以治愈商业的变革力量所做的一切。我们非常荣幸与你们一路同行。

关于作者

在过去10多年里，布鲁诺·罗奇和杰伊·雅各布一直在玛氏公司并肩工作，该公司是M&M巧克力豆、士力架、“本大叔”大米、宝路狗粮、箭牌糖果等很多标志性品牌的制造商。他们共同在名为“催化剂”的独特的企业内部“孵化器”工作，该部门成立于20世纪60年代，通过预测和识别下一个重要的商业想法来挑战传统的商业思维，然后发展突破性的能力以解决企业中一些最复杂的商业挑战，并带来具有变革性影响的进步。他们之间的深厚友谊远远超出了工作场所的范围，延伸到将企业转化为公益力量的领域，他们在寻求更大意义和目的的人群中提倡职业使命感。

布鲁诺在法国巴黎出生并长大，他和玛丽安（贝尔）结婚已有25年，并养育了4个孩子。布鲁诺与玛丽安的家族血统可以追溯到法国南部利尼翁河畔勒尚邦市的一个村庄，那里以胡格诺派村民的英雄主义闻名，他们在纳粹占领法国期间帮助无数犹太人藏身，拯救了他们的生命——以色列的犹太大屠杀中心为此纪念，纪录片《精神武器》（*Weapons of the Spirit*）以此为原型。布鲁诺在玛氏公司任职近30年，主要工作在比利时的布鲁塞尔，但也经常出差行使其部门的全球职责。除了担任催化剂智库的主管职务，他还担任玛氏公司的首席经济学家。他的教育和学术研究遵循应用数学路径，专攻国际金融、经济学和管理科学。他精通法语、英语和意大利语。布鲁诺是世界经济论坛全球议程理事会网络（关于可持续发展）［the World Economic Forum's Network of Global Agenda Councils（on Sustainable Development）］的成员，他在法国作为该组织轮值主席国期间（2009—2011）担任 G20 的特别顾问。

杰伊出生于美国新泽西州拉威市——有趣的是，这里也是金融资本主义的创始人、经济学家米尔顿·弗里德曼的故乡。杰伊与埃莱妮（桑索尔基）结婚已有 31 年，并育有两个十几岁的孩子。在 2007 年加入玛氏公司布鲁诺的团队之前，杰伊在美国的行政和立法部门有过长达 17 年漫长而出色的政府工作生涯，在此期间他担任过很多高级职位。杰伊在催化剂智库里是外部研究的高级主管，与布鲁诺共同管理部门的互惠实验室。他负责监督文化实验室的工作，指导催化剂智库与牛津大学赛德商学院以及全球顶尖学者形成的外部研究伙伴关系。他曾获得牛津大学圣约翰学院的博士学位，并著有《间谍与破坏者》（*Spies and Saboteurs*）一书。

布鲁诺与杰伊以及他们的配偶都有一种对人的热情，尤其是对贫穷和受压迫的人，他们对那些在身体、精神和心灵上受到摧残的人表现出特别的关注。这本书是他们首次合作著书。